地名で考える沖縄語の移り変り
―例えば、「ぜりかく」（勢理客）が「じっちゃく」になるまで―

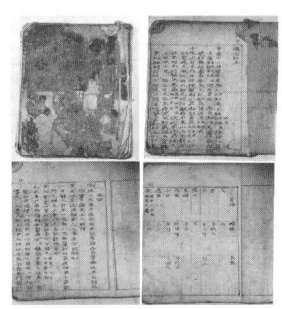

多和田　眞一郎　著

渓水社

は じ め に

　多少刺激的な表現の仕方をすれば、沖縄の言葉は 1970 年ごろまでは新しかったのであるが、それが、諸々の要因が絡み合って「日本語風」にされ、「古い形」に戻されてしまった、と言うことができる。(これは、音韻、形態、統語、語彙等全ての面で言えることであるが、今回は音韻・語彙に焦点を当てることとする。)

　次の (A) と (B) とでは、どちらが「古い形」か。

(地名)	A	B
①国頭	くんじゃん	くにがみ
②今帰仁	なちじん	なきじん
③勢理客	じっちゃく	せりきゃく

ともに、Aが「新しい形」で、Bは「古い形」(に近いもの) なのである。
　1500 年頃には、それぞれ、「くにんがみ」「いまきんじん」「ぜりかく」であったと考えられる。変化して (新しくなって)、1970 年代には「くんじゃん」「なちじん」「じっちゃく」となっていた。それを「日本語風」に「くにがみ」「なきじん」「せりきゃく」とするようになったが、形の上からは、古い形に近いものに作り変えてしまったと言える。

　1970 年代までは、ともに「しいし (シーシ)」であった「そへいし」(添石) (地名) と「すす」(煤) とが、それぞれ「そえいし」「すす」となったのも同様の流れの中にある。元は違っていた二つの言葉が、変化の結果、同じ発音の言葉になった、つまり、「同音異義語」になっていた。それを「元に戻す」ようなことをしたと言うことができよう。

　理解しやすくするために同音異義語の例を取り上げたのであるが、示したい事柄は、言語は変化し、その結果、元の形とは似ても似つかぬものになってしまうことがあるものであるということである。そして、その変化過程を、沖縄の言葉 (沖縄語) について、現存する文献資料を分析することで、跡付け、考察しようというのが、本書の目的である。
　それには、身近な、馴染みのある地名を例に取り上げるのがよかろうと考え、「ちょうじか」(経塚)・「じっちゃく」(勢理客)・「しいし」(添石)・「びん」(保栄茂) 等を主な例とすることとする。
　また、これからの説明には、専門的な事柄を述べる必要も出てくるので、そのための予備知識を得る、あるいは、共通理解を得る作業から始めることにする。

　なお、本書でいう「沖縄の言葉」(沖縄語) は、「首里の言葉」とそれに準じる「ヤードゥイ (寄留民集落) の言葉」を中心に考えている。

目　次

　　はじめに

　第1章　共通理解を得るための予備知識 ・・・・・・・・・・・　1
　　　　　（音声・音韻）（声門閉鎖音）（口蓋化、破擦音化）

　第2章　「きやうづか」(経塚)が「ちょうじか」になるまで ・・・・・・・　9
　　　　　（口蓋化、破擦音化）（二重母音の変化）

　第3章　「ぜりかく」(勢理客)が「じっちゃく」になるまで ・・・・・・・　39
　　　　　（促音化）（口蓋化、破擦音化）

　第4章　短母音の変化 ・・・・・・・・・・・・・・・・・・　61

　第5章　「そへいし」(添石)が「しいし」になるまで ・・・・・・・・・　91
　　　　　（二重母音の変化）

　第6章　「ぼえも」(保栄茂)が「びん」になるまで ・・・・・・・・・　103
　　　　　（二重母音の変化）（撥音化）

　第7章　分析対象資料 ・・・・・・・・・・・・・・・・・・　111

　　主な参考文献 ・・・・・・・・・・・・・・・・・・・・　117

　　索引 ・・・・・・・・・・・・・・・・・・・・・・・・　119

　　おわりに

第1章　共通理解を得るための予備知識
（音声・音韻）（声門閉鎖音）（口蓋化、破擦音化）

1、文字と発音とは、一対一の対応をしない。

まず、音声と音韻と文字の関係について考えることにする。

＜音声と音韻＞
　人間が意思伝達に使用する言語音（発音）を「音声」と呼び、これを視覚化するために（学問的に研究するために）「音声記号」（発音記号）が用意されている。
（世界中のあらゆる言語の音声を表示すべく、International phonetic sign(IPS)あるいは、International phonetic alphabet(IPA)という「国際音声記号」が定められている。）（アルファベットをもとに作成されている。）

　この音声記号を使っていろいろな音声を表示し分けることができるのであるが、それだけで事足れりとするわけにはいかない。実際の我々は、異なるいくつかの音声を一つとして聞いていることが少なくない。ある部分を捨象し、ある共通の要素によって一つにまとめているのである。

　例によって説明する。
　日本（共通）語の「撥音」と呼ばれるものがその良い例である。「本ばかり」「本だけ」「本がある」「本を読む」を発音してみると、同じものであるはずの「ほん」の発音が違う。「－ん」の部分の発音が違うことに気付く。音声記号で書いてみるとそれがはっきりする。[hombakari][hondake][hoŋga 〜][hoɴwo〜]である。
　[m][n][ŋ][ɴ]とそれぞれ微妙に違う点（両唇が閉じている、舌先が歯茎に着いている等）を捨象して、鼻音であることと一定時間の長さを有することとの共通性によって一つにまとめている。そして、それを「ん」（あるいは「ン」）と表記する。

　この「ん」についてもう少し詳しく見ていくと、次のようなことがわかる。すなわち、言葉の意味とは関係なく、その後に続く音が何であるかによって[m][n][ŋ][ɴ]のどれかになるのである。[m][b][p]の前で[m]、[n][d][t]の前で[n]、[g][k]の前で[ŋ]、その他で[ɴ]となる（お互いに同じ場所に現れることがない。これを「相補分布」と呼ぶ）。例で確認しよう。
　　　　秋刀魚[samma]、寒梅[kambai]、先方[sempoː]
　　　　鉋[kanna]、三代[sandai]、遷都[sento]
　　　　山河[saŋga]、本家[hoŋke]
　　　　賛成[saɴseː]、ほんわか[hoɴwaka]、勘案[kaɴaɴ]

そこで、これらの音声[m][n][ŋ][ɴ]をまとめて代表を立てる（例えば/N/とする）操作を行ない、これを「音韻」とする。音声レベルの単位を「単音」と呼び、音韻レベルの単位を「音素」と呼ぶ。[hoɴ]の「ɴ」は「単音」、/hoN/の「N」は「音素」である。（同じ記号ではあるが、担っている役割・意味が違うのである。）
　（[ ]で音声を、/ /で音韻を表す。煩雑になる場合は、「以下、音声」「以下、音韻」のようにして簡素化すればよい。）

　「ん」の場合とは違って、同じ場所に現れると単語の意味が変わるもの（単音）は、それぞれ別の音素に該当する。
　（例）［asa］（朝）、［ana］（穴）、［aka］（赤）、［ama］（尼）
　　　→/s/, /n/, /k/, /m/は、それぞれ別の音素

　これとは逆に、同じ場所に現れても単語の意味が変わらないもの（単音）は、同一の音素に該当する。例えば、空気の多く出る「有気音」と空気の出の少ない「無気音」とは、（現代共通）日本語では別々の音素にはならない。[tʰai]（有気音）でも[t'ai]（無気音）でも意味は変わらない。[tʰai]が「鯛」で、[t'ai]が「他意」だというようなことはない（[tʰ]と[t']とをまとめて/t/とすればよい）。(中国語や韓国語等では、有気音か無気音かで単語の意味が変わるから、別々の音素に該当することになる。)

＜文字と発音＞
　以上見てきた限りにおいて、「仮名」（文字）は音韻に近いと言える。「文字と発音とは、一対一の対応をしない」と述べた理由もここにある。但し、仮名はアルファベットと違って、（母音はいいとして）子音を単独で表記できるようには成り立っていない。
　発音を示すのに、「カタカナ」なり「ひらがな」なりを使用する立場もあるが、正確な表記を心がけようとすると、補助記号を使うなどしなければならなくなり、却って煩雑になるので、それを避ける意味で「国際音声記号」に準じた表記法を採用する。
　（前述のように、「国際音声記号」の基本はアルファベットであるので、その「発音」も、大筋においてそれに準じたものであると考えて大過はないと言えよう。）

＜漢字で表記された地名＞
　文字と発音に関連して、漢字で表記された地名の「意味」について触れておく。結論から先に言う。地名の漢字表記は、漢字の表音の側面を利用した「当て字」であるから、漢字の表意の側面を捉えて「意味」を考えるのは慎むべきである。慎重であるべきである。例えば、「今帰仁」はどうか。この漢字の並びから地名の意味を導き出すのは至難の業である。「いまきじん」という表音のみを取るべきである。
　碑文記「本覚山碑文」（1624））に「いまきしん」とある。古文献では、「濁点」の表記はないので、これは「いまきじん」である。
　（地名の語源を考えることを否定しているのではない。漢字に拠りかかり過ぎてはいけないと言っているだけである。）

第1章　　共通理解を得るための予備知識

　勿論、後で出てくる「経塚」のように、語源が漢字の示す意味そのままであろうと考えられる例もないことはない。しかし、その数は多くなかろう。

　以上のまとめとして、
　文字と音声と音韻の関係を、次の例によって確認しておこう。
　　　　　　　　　　　（例１）「ん」
　　　　　　①本（ほん）も　　　[hommo]　　/hoNmo/
　　　　　　②本（ほん）ばかり　[hombakari]/hoNbakari/
　　　　　　③本（ほん）の　　　[honno]　　/hoNno/
　　　　　　④本（ほん）でも　　[hondemo]　/hoNdemo/
　　　　　　⑤本（ほん）と　　　[honto]　　/hoNto/
　　　　　　⑥本（ほん）が　　　[hoŋga]　　/hoNga/
　　　　　　⑦本（ほん）から　　[hoŋkara]　/hoNkara/
　　　　　　⑧本（ほん）さえ　　[honsae]　 /hoNsae/
　もう一つ例を示しておく。「促音」に関するものである。
　　　　　　　　　　　（例２）「っ」
　　　　　　1)一杯（いっぱい）　[ippai]　　/iQpai/
　　　　　　2)一体（いったい）　[ittai]　　/iQtai/
　　　　　　3)一回（いっかい）　[ikkai]　　/iQkai/
　　　　　　4)一切（いっさい）　[issai]　　/iQsai/
　　　　　　5)一緒（いっしょ）　[iʃʃo]　　 /iQsjo/

２、現代沖縄語（ウチナーグチ）と現代（共通）日本語（ヤマトゥグチ）とは、それほど違いがない。（！）（？）

＜短母音＞
1)短母音について見てみる。次の表のような対応をする。

　　　　　＜表１＞短母音

沖縄語	[a]	[i]	[u]	[i]	[u]
	/a/	/i/	/u/	/i/	/u/
日本語	[a]	[i]	[ɯ]	[e]	[o]
	/a/	/i/	/u/	/e/	/o/

ア	イ	ウ	イ	ウ	沖縄語
ア	イ	ウ	エ	オ	日本語

語例をいくつか示すと以下のようである。
　　　花[hana]/hana/と[hana]/hana/　　（ハナ　と　ハナ）
　　　傘[kasa]/kasa/と[kasa]/kasa/　　（カサ　と　カサ）
　　　石[ʔiʃi]/ʔisi/と[iʃi]/isi/　　　（イシ　と　イシ）
以上３つの例に関しては、沖縄語と日本語とがほとんど同じであると言ってもよかろう。次の例は、微妙なずれを示す。

第1章　　共通理解を得るための予備知識

　　　　歌[ʔuta]/ʔuta/と[ɯta]/uta/　　　　　　　（ウタ　と　ウタ）
　　　　雨[ʔami]/ʔami/と[ame]/ame/　　　　　　（アミ　と　アメ）
　　　　これ[kuri]/kuri/と[kore]/kore/　　　　　（クリ　と　コレ）
　　　　雲[kumu]/kumu/と[kumo]/kumo/　　　　（クム　と　クモ）
　　　　箱[haku]/haku/と[hako]/hako/　　　　　（ハク　と　ハコ）

＜子音＞
　2)子音としては、その音韻対応を見ると、双方同じであると言える。
　　　　　＜表２＞子音

	1)	2)	3)	4)	5)	6)	7)	8)	9)	10)	11)	12)
沖縄語	k	g	s	z	t	d	n	h	p	b	m	r
日本語	k	g	s	z	t	d	n	h	p	b	m	r

語例を示そう。
　　1)肩[kata]/kata/と[kata]/kata/　　　　　　（カタ　と　カタ）
　　2)咎[tuga]/tuga/と[toga]/toga/　　　　　　（トゥガ　と　トガ）
　　3)草[kusa]/kusa/と[kɯsa]/kusa/　　　　　（クサ　と　クサ）
　　4)痣[ʔadʑa]/ʔaza/と[aza]/aza/　　　　　　（アジャ　と　アザ）
　　5)棚[tana]/tana/と[tana]/tana/　　　　　　（タナ　と　タナ）
　　6)管[kuda]/kuda/と[kɯda]/kuda/　　　　　（クダ　と　クダ）
　　7)舟[ɸuni]/huni/と[ɸɯne]/hune/　　　　　（フニ　と　フネ）
　　8)旗[hata]/hata/と[hata]/hata/　　　　　　（ハタ　と　ハタ）
　　9)パン[paɴ]/paN/と[paɴ]/paN/　　　　　　（パン　と　パン）
　　10)番[baːɴ]/ba'a'N/と[baɴ]/baN/　　　　　（バーン　と　バン）
　　11)村[mura]/mura/と[mɯra]/mura/　　　　（ムラ　と　ムラ）
　　12)暮す[kurasuɴ]/kurasuN/と[kɯrasɯ]/kurasu/　（クラスン　と　クラス）

（理解の助けになるかと思い、「カナ」表記も添えてみた。）

3、しかし、実際は様相が大分違う。その原因・理由は何か。
　　「声門閉鎖音」と「口蓋化・破擦音化」とが、その大きなものである。

＜声門閉鎖音＞
　1)声門閉鎖音と非声門閉鎖音との違い（/ʔ/と/ ˈ /との対立）について述べる。

　　「声帯」の二枚の筋肉のすき間を「声門」と言い、ここを閉じる（閉鎖する）と「息む」状態となる。この状態は、母音「あ」「い」「う」「え」「お」を強く発音した時に顕著に現れる。この、声門を閉じた状態で出出される音声を「声門閉鎖音」と言い、[ʔ]という記号で表す。この音声は、日本（共通）語では単語の意味を区別せず、音素とはならない。しかし、沖縄語では、次の例に見るように、声門閉鎖の有無（声

第1章　　共通理解を得るための予備知識

門閉鎖音か非声門閉鎖音か）が、単語の意味を区別する重要な要素となる。
　　　　［ʔiːɴ］（入る）と［jiːɴ］（座る）、［ʔjaː］（君、お前）と［jaː］（家、屋）、
　　　　［ʔuːjuɴ］（追う）と［wuːjuɴ］（折る）、［ʔwaː］（豚）と［waː］（私、私の）、
　　　　［ʔnni］（稲）と［nni］（胸）
　これらの例から「声門閉鎖音」と「非声門閉鎖音」とで意味の差が生じることがわかる。前者を／ʔ／と表記し、後者を／'／と表記することとする。上の例は、次のようになる。
　　　　［ʔiːɴ］／ʔi'i'ɴ／（入る）と［jiːɴ］／'i'i'ɴ／（座る）
　　　　［ʔjaː］／ʔja'a／（君、お前）と［jaː］／'ja'a／（家、屋）
　　　　［ʔuːjuɴ］／ʔu'u'juɴ／（追う）と［wuːjuɴ］／'u'u'juɴ／（折る）
　　　　［ʔwaː］／ʔwa'a／（豚）と［waː］／'wa'a／（私、私の）
　　　　［ʔnni］／ʔɴni／（稲）と［nni］／'ɴni／（胸）

＜口蓋化と破擦音化＞
　2) 口蓋化と破擦音化とについて述べる。

　　言語学関係の辞書によると、以下のように説明される。

　<u>口蓋化（こうがいか）</u>　英　palatalization, 仏　palatalisation, mouillure,
　　　　　　　　　独　Palatalisierung
　　ある音の調音に際して、主な調音が行われるのと同時に、前舌が硬口蓋に近づくことを口蓋化といい、そのようにして発せられる音を口蓋化音(palatalized)という。二次的調音（→二重調音）の一種である。口蓋化という名称は実際には「硬口蓋化」のことであるが、普通、単に口蓋化と称する。硬口蓋音（調音位置がもともと硬口蓋であるもの）については普通、口蓋化しているとはいわない。
　　たとえば、日本語のカ行の音のうちで、「キ」の子音は、直後に母音/i/がくる影響で、「カ」「コ」などの子音と比べると舌の位置が前寄りであり、口蓋化されている。(『言語学大辞典　第6巻　術語編』　三省堂　1996年　p.520)

例えば、

　　「きゃ、きゅ、きょ」は「か、く、こ」が、
　　　「ぎゃ、ぎゅ、ぎょ」は「が、ぐ、ご」が、
　　　　「にゃ、にゅ、にょ」は「な、ぬ、の」が、
　　　　　「みゃ、みゅ、みょ」は「ま、む、も」が、
　　　　　　「びゃ、びゅ、びょ」は「ば、ぶ、ぼ」が、

それぞれ、口蓋化した形である。図示すると、以下のようになる

第1章　共通理解を得るための予備知識

```
  か  く  こ      が  ぐ  ご      な  ぬ  の      ま  む  も      ば  ぶ  ぼ
[ka  ku  ko     ga  gu  go     na  nu  no     ma  mu  mo     ba  bu  bo]
 ↓   ↓   ↓      ↓   ↓   ↓      ↓   ↓   ↓      ↓   ↓   ↓      ↓   ↓   ↓
 きゃきゅきょ     ぎゃぎゅぎょ    にゃにゅにょ    みゃみゅみょ    びゃびゅびょ
[kja kju kjo    gja gju gjo    nja nju njo    mja mju mjo    bja bju bjo]
```

<u>破擦音（はさつおん）</u>　英 affricate, affricative, 仏 affriquee,
　　　　　　　　　　　　　独 Affrikate, Affrikata

　閉鎖音の直後にそれと同じ調音位置の摩擦音が続き、両者が一体となって発音されるものを破擦音（破裂摩擦音の略）という。破擦音は音声的には閉鎖音＋摩擦音という２つの単音よりなるものと見なすことができ、国際音声字母（IPA）方式でも基本的にそのように表記されるが、音韻論上は１つの単位として扱うべき場合と２つの音素が連なったものとして扱うべき場合とを区別する必要がある。　　　（中略）

　日本語（東京方言など）の「チ, ツ」の子音は普通[tʃ, ts]と表される破擦音であるが、「チ」の子音はより精密には[tɕ]と表される。[tʃ]（[tɕ]）は固有語においては/i/または/y/の前に現れるのが普通である。[ts]は/u/の前に現れるが、[otottsaɴ]のように例外的に他の母音の前に現れることもある。（同上　p.1065-6）

例えば、
　　　　　「ちゃ、ちゅ、ちょ」は「た、つ、と」が、
　　　　　「ぢゃ、ぢゅ、ぢょ」は「だ、づ、ど」が、
　　　　　「じゃ、じゅ、じょ」は「ざ、ず、ぞ」が、
それぞれ、破擦音化した形である。図示すると、以下のようになる。

```
      た  つ  と      だ  づ  ど      ざ  ず  ぞ
    [ta  tu  to    da  du  do     za  zu  zo]
     ↓   ↓   ↓      ↓   ↓   ↓      ↓   ↓   ↓
     ちゃちゅちょ    ぢゃぢゅぢょ    じゃじゅじょ
    [tʃa tʃu tʃo   dʑa dʑu dʑo   dʑa dʑu dʑo]
```

　口蓋化と破擦音化には、全て母音／i／が関係していると言える。<u>その前の音に影響を与える場合（A）</u>と後ろの音に影響を与える場合（B）があるが、<u>両方に影響を与えたと考えられる例（C）</u>もある。

　(A)は、/ki/→/cji/[tʃi], /gi/→/zji/[dʑi], /ti/→/cji/[tʃi], /di/→/zji/[dʑi]等である。
　語例を示す（アクセントは省略した）。
　①[tʃimu]（きも、肝、心）　　②[ʔusadʑi]（うさぎ、兎）
　③[kutʃi]（くち、口）　　　　④[hanadʑiː]（はなぢ、鼻血）
他の部分も変化していて複雑であるが、ここでは当該箇所のみに焦点を当てておく。

(B) は、次のように集約できる。
　　1)/-ik-/→/-ikj-/→/-icj-/[-itʃ-]
　　2)/-ig-/→/-igj-/→/-izj-/[-idʑ-]
　　3)/-it-/→/-itj-/→/-icj-/[-itʃ-]
　　4)/-id-/→/-idj-/→/-izj-/[-idʑ-]
　語例を示す。
　　/ika/→/cja/[tʃa]　（語例）いか(如何)[tʃaː]/cja'a/
　　/ige/→/izji/[idʑi]　（語例）ひげ(髭)[çidʑi]/hizji/
　　/iga/→/zja/[dʑa]　（語例）にがし(苦)[ndʑasaɴ]/'ɴzjasa'ɴ/
　　/ite/→/cji/[tʃi]　（語例）かいて(書)[katʃi]/kacji/,
　　　　　　　　　　いだして(出)[ʔndʑatʃi/ʔɴzjacji/
　　　　但し、あいて(相手)[ʔeːti]/ʔe'eti/などがある。
　　/ita/→/(i)cja/[(i)tʃa]　（語例）した(下)[ʃitʃa]/sjicja/,
　　　　　　　　　　　　あした(明日)[ʔatʃa]/ʔacja/
　　/ito/→/icju/[itʃu]　（語例）いと(糸)[ʔiːtʃuː]/ʔi'icju'u/
　　/ida/→/izja/[idʑa]　（語例）あしだ(足駄)[ʔaʃidʑa]/ʔasjizja/

(C) の例としては、次のようなものがある。
　　(来て)[kite]→[kitje]→[kiti]→[tʃitʃi]→[tʃi̥tʃi]→[tːʃi]/Qcji/
　　(為て)[site]→[ʃitje]→[ʃiti]→[ʃitʃi]→[ʃi̥tʃi]→[ʃːʃi]/Qsji/
　　　　（[i̥]は、母音の無声化を示している。）
　但し、「生きて」は[ʔitʃitʃi]/ʔicjicji/、「指して」は[satʃi]/sacji/である。

　以上の他に、「す」/su/→/sji/[ʃi],「ず」/zu/→/zji/[dʑi],「つ」/tu/→/cji/[tʃi],「づ」/du/→/zji/[dʑi]の変化も、この範疇に入れてもよい側面がある。(D) とする。
(D)　①/su/[su]→/sɯ/[sɯ]→/si/[si]→/si/[si]→/sji/[ʃi],
　　　②/zu/[dzu]→/zɯ/[dzɯ]→/zi/[dzi]→/zi/[dzi]→/zji/[dʑi],
　　　③/tu/[tu]→/tsɯ/[tsɯ]→/ci/[tsi]→/ci/[tsi]→/cji/[tʃi],
　　　④/du/[du]→/dzɯ/[dzɯ]→/zi/[dzi]→/zi/[dzi]→/zji/[dʑi]
（語例）①すみ(炭)[ʃimi]/sjimi/,　す(巣)[ʃiː]/sji'i/
　　　　②ずい(髄)[dʑiː]/zji'i/,　かずかず(数々)[kadʑikadʑi]/kazjikazji/
　　　　③つき(月)[tʃitʃi]/cjicji/,　たつ(辰)[tatʃi]/tacji/
　　　　④づきん(頭巾)[dʑitʃiɴ]/zjicji'ɴ/,　みづ(水)[midʑi]/mizji/

　上の例の中に現れ出ているように、口蓋化の後に破擦音化の起こることが多い。口蓋化と破擦音化は密接な関係にあると言える。(それもあってか、「口蓋化」の名のもとに「破擦音化」も含めて取り扱う場合があるが、混乱を招くので、「口蓋化」と「破擦音化」とは厳密に区別されるべきである。)

第1章　　共通理解を得るための予備知識

以下のように図示できよう。

ここでは本来の目的ではないので、不問に付してあるが、仮名遣いと音声との統一性を考えるのであれば、「だ・づ・ど」の破擦音化したものは「じゃ・じゅ・じょ」のようにするのがよいのかも知れない。

＜文献資料について＞

　これから文献資料の分析によって「変化過程」を明らかにしようとするが、

　資料は（時間的に）飛び飛びにしか存在しないという制約がある。
　それで、存在する資料だけを使って全体像を構築するしかない。

　あたかも、残された破片・断片から「元の土器」を復元するのと似ている。
　資料の存在しないところは、前後の資料との関連・流れを考慮して、推測することとなる。

（具体的な文献資料については、「第7章　分析対象資料」参照。）

第2章　「きやうづか」（経塚）が「ちょうじか」になるまで
（口蓋化、破擦音化）（二重母音の変化）

古いほうの分析対象資料に「きやうづか」（経塚）は現れて来ないが、『沖縄語辞典』(1963)には次のようにある。

> coozika◎（名）㊀経塚。経巻を筒に納め、土中に埋めて築いた塚。㊁地震の時の呪文の文句。首里の郊外にある経塚は金剛経が埋めてあり、地震の時にもそこだけは揺れないというので、地震の時には"～～"（「経塚経塚」）と唱える。

（◎はアクセントを示している。「平板型の単語は◎、下降型の単語は①を付けて示す」とある。）（音韻表記なので、音声表記に直すと、[tʃoːdzika]である。）

現代語「ちょうじか」[tʃoːɕika]に到る過程を考慮すれば、15世紀以前に「きやうづか」が存在していたと想定される。その前提のもとに考察を進めていくことにする。

「きやうづか」と「ちょうじか」とを比べると、文字の上では、「きやう」が「ちょう」に、「づ」が「じ」にそれぞれ変化したように見える（「か」は変化なし）。しかし、音韻の上では、*/ki/（き）の変化、*/jau/（やう）の変化、*/du/（づ）の変化として、それぞれ捉える必要がある。

「*」は、想定される最も古いものであることを意味する記号として使うこととする。*/ki/、*/jau/、*/du/は、それぞれ、最も古いと想定される音韻/ki/、/jau/、/du/を示している。文献資料の現存しない、15世紀以前の音韻を考えている。それが変化してきて現代語のようになったということを述べようとしているのである。以下、同じである。
（資料については、「第7章　分析対象資料」を参照。）

これらは、口蓋化、破擦音化、二重母音の変化を具現している例である。

1）*/ki/（き）の変化

結論を先に示すと、*/ki/は、16世紀半ばあたりからその兆候はあるが、17世紀の初めごろ破擦音化して/cji/[tʃi]となる。

以下の表3のようになる。

<表3> */ki/（き）の変化

15世紀以前	翻訳	碑文玉殿	琉館	碑文石東	碑文石西	田名1	碑文崇寺	おも1	陳使
	1501	1501	16c半	1522	1522	1523	1527	1531	1534
ki	ki	ki	ki	ki	ki	ki	ki	ki	ki

第2章　「きやうづか」（経塚）が「ちょうじか」になるまで

田名2	田名3	田名4	碑文かた	田名5	碑文添門	田名6	碑文やら	田名7	郭使
1536	1537	1541	1543	1545	1546	1551	1554	1560	1561
ki	ki	ki	ki	ki	ki	ki	ki	ki	ki
田名8	田名9	音字	蕭使	田名10	碑文浦城	田名11	夏使	おも2	碑文よう
1562	1563	1572頃	1579	1593	1597	1606	1606	1613	1620
ki	ki	ki	ki	ki	ki	ki	ki	cji	cji
おも3	碑文本山	田名12	田名13	田名14	田名15	田名16	仲里	混験	琉由
1623	1624	1627	1628	1631	1634	1660	1703頃	1711	1713
cji	cji	cji	cji	cji	cji	cji	cji	cji	cji
中信	琉見	琉訳	漂録	クリ	官話	沖話	チェン	沖辞	現代語
1721	1764	1800頃	1818	1818	19c?	1880	1895	1963	1970代
cji	cji	cji	cji	cji	cji	cji	cji	cji	cji

　以下、用例を見ながら、上記のことを確認していくことにしよう。
　《翻訳》(1501)における沖縄語の*/ki/相当部分には、ハングル表記の「ki」と「khi」とが現れる。破擦音を示すハングルの「c」や「ch」等は当てられていない。つまり、破擦音化は起こっていなかったことを物語っている。次の例を参照。（ハングルは、転写字で示す。）
（当該箇所に、下線＿を付す。以下、全ての用例に関して、同じように、下線＿を施す。）

　　○ki-mo（きも、肝、心）　　○'ju-ki（ゆき、雪）　　○khi-ri-'u（きのふ、昨日
　　　＜「khi-ni-'u」とあるべきである。翻刻過程で誤りが生じたようである。＞

(関連部分のみ表示)

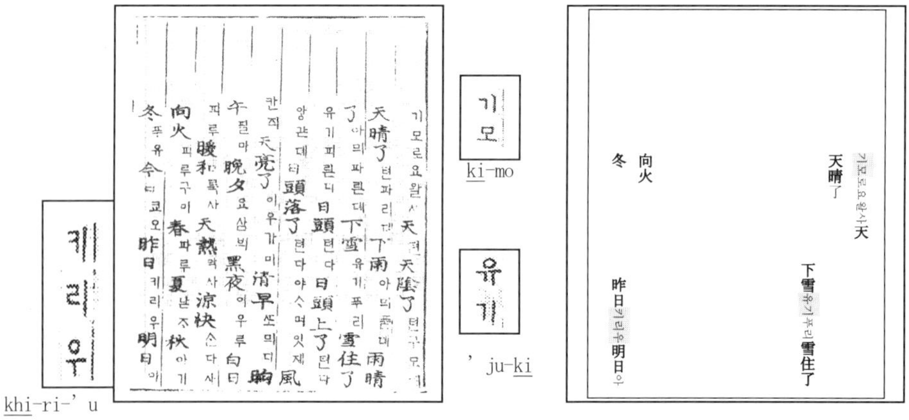

図1　《翻訳》の「きも」「ゆき」「きのふ」

第2章 「さやっづか」(経塚)が「ちょうじか」になるまで

　これが破擦音化傾向を示すのは、16世紀半ば以降であると考えられる。

　漢字資料《陳使》(1534)、《郭使》(1561)、《音字》(1572頃)、《蕭使》(1579)には、破裂音とともに破擦音を示す音訳字も現れる。仮名資料の《碑文(浦城)》(1597)にも、「き」とあるべきところに「ち」が出てくる。以下のようである。

　　《陳使》の用例：○乞奴（きのふ、昨日）　○非進的（ひきで、引き出）
　　《郭使》の用例：○起模（きも、肝、心）　○(匹)舎蛮(資)之（ひざまづき、跪き）
　　《音字》の用例：○起模（きも、肝、心）　○匹舎蛮資之（ひざまづき、跪き）
　　《蕭使》の用例：○起模（きも、肝、心）　○匹舎蛮資之（ひざまづき、跪き）
　　《碑文(浦城)》の用例：○御ちよわい（御来よわい）

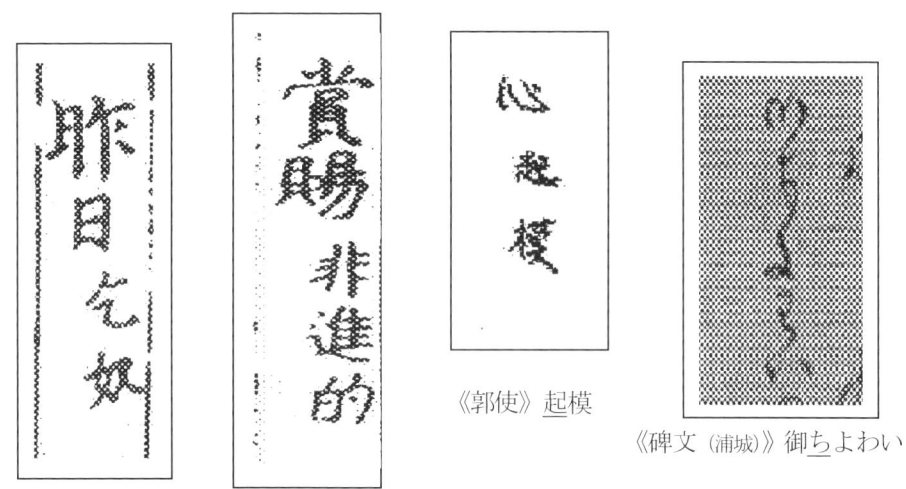

　　　《陳使》乞奴、非進的
　図2　《陳使》の「きぬ」「ひきで」、《郭使》の「きも」、《碑文(浦城)》の「おちよわい」

　同時代の仮名資料《碑文(かた)》(1543)、《碑文(添門)》(1546)、《碑文(やら)》(1554)等で「き」と表記されているものも考慮に入れると、上記の「16世紀半ば以降に破擦音化」ということは、揺ぎ無いものとなろう。
　「田名文書」では17世紀に入っても*/ki/相当部分には「き」しか現れない。辞令文書という性格から「規範意識」が強く作用した結果だと思われる。

　高橋(1991)では、「き」の破擦音化に関して、「キの破擦音は特殊な音環境にしか生じていない」として(p.58)、「ちよわる（来給う）・ちよわより（来給いて）、ふさちん（未詳語とされているものであるが、『琉球国由来記』に出て来るフサキンと同語とすれば）」等の例を上げ、「これらは拗音であったり、キの次にヤ行音や撥音がきたりしている点で特殊である」と説明している。

11

第2章　「きやうづか」(経塚) が「ちょうじか」になるまで

　柳田 (1999) では、「「キ」の口蓋化「チ」」は『おもろさうし』にも認められるとして、次のように述べる。

> 「チ」「ヂ・ジ」の形が生じた後も、「キ」「ギ」の形が生きていて、本来の正しい形が「キ」「ギ」であることが意識できている間は、「チ」「ヂ・ジ」の形はなかなか文献の上には現れて来にくいはずである。従って、例は極めて少なくとも、「キ」が「チ」で実現していたらしい例が認められるということは、「キ」「ギ」の「チ」「ヂ・ジ」への変化が相当進んでいたことの反映と見るべきであろう。(中略) 筆者は、直前に i 母音が立たない場合でも、「キ」「ギ」は口蓋化を起こして、「チ」「ヂ・ジ」になっていたと推定する。(上、p.28-30)

　私は、主にハングル資料と漢字資料とをもとに、*/ki/破擦音化の時期を 16 世紀半ば以降と考える。

　これがどのようにして現代 (沖縄) 語とつながるのか。

　その前に、使用頻度の高い語で、*/ki/=[tʃi]の対応をしないものがあることについて述べておく必要があろう。その代表的存在が「木 (き)」[kiː]である。これについて考察する。

　《沖辞》(1963) に、次のようにある。
　　cijai◎ (名) 木遣り。重い材木を多人数で歌を歌いながら運搬すること。またその時に歌う歌。kunzansabakui はその歌の名。
　　kusunuci◎ (名) くすのき。楠。樟。
　(前述のように、◎はアクセントを示している。「平板型の単語は◎、下降型の単語は①を付けて示す」とある。) (音韻表記なので、音声表記に直すと、[tʃijaji]、[kusunutʃi]である。)

　それぞれ*/kijari/ (きやり),*/kusunoki/ (くすのき) に対応するのは明白であり、*/ki/ (木)=[tʃi]を示す証拠となる。
　多和田 (1997) で述べたように (p.275)、この辞典は 19 世紀末から 20 世紀初の首里方言を収録したものと考えてよいから、近年まで「木 (き)」が[tʃi]であった可能性を示すものとなろう。
　ただし、単独の場合は[kiː]であった。アルファベット資料《クリ》(1818) には、「Tree -- Kee」とある。単独の場合と複合語の場合とでは現れが違っているということになる。(《沖辞》でも、単独では「kii」である。)

　また、《沖話》(1880) には、次のような例がある。

第2章　「さやうつか」（経塚）が「ちょうじか」になるまで

　　　○クス　樟　クスヌチ　○ヒノキ　檜　ヒヌチ　○クロキ　黒木　クルチ　○カフゾ
　　　楮　カビキ
　　　○草モ、木モ（クサン　キイン）

「木＝チ」の対応を見せる。「カビキ」は「紙木」で、多分に翻訳語的である。単独では「キイン」が示すように「キー」である。

　以上を見ると、「木（き）」は[tʃi]を経て、再び[ki]になったという可能性も考えられそうである
　　（但し、このような分析は「形態」のレベルでの事柄となり、「音韻」のレベルとしてはさほど重要ではないとも言える。）

　同様の関係にありながら「語形上」も違っているものとして、次のような例がある。即ち、現代（沖縄）語で「顔」を意味するのは「つら（面）」に対応する[tʃira]であるが、「かほ（顔）」がないわけではない。その例として、[koːgaːkiː]と[ʔumbujikoːbuji]とを上げることができる。前者は「かほがけ（顔懸け）」に、後者は「おもぶりかほぶり（面振り顔振り）」に対応することは間違いない。

　《沖辞》（1963）にも、次のようにある。
　　koogaakii◎（名詞）ほおかむり。頭からほおへかけて手ぬぐいをかぶること。農民の
　　　　　習俗で、首里那覇では酒席で、踊りの時する者があった。
　　ʔuɴbuikooˉbui◎（副）（一）首を前後左右に曲げるさま。こっくり。居眠りなどのさ
　　　　　ま。（下略）

　因みに、「－木（ぎ）」も破擦音化を経験したらしい。《クリ》（1818）に「Prickly pear bush‥‥Cooroojee」とあるが、これは「くろぎ（黒木）」に対応するものであろう。[kuruʤi]である。（ただし、《沖辞》には「kuruci◎（名）植物名。くろき。琉球黒檀。」とある。）
　《沖話》（1880）には、「フクギ　福木　フクジ」「ヤナギ　柳　ヤナジ」「アカギ　赤木　アカギ」「マキ　槙　チヤーギ」等とあって、「ジ」「ギ」並存状態である。

　過去の資料では口蓋化あるいは破擦音化した姿を見せていたのに、現代語ではそれ以前の姿になっているものが、他にもある。「力（ちから）」と「板（いた）」である。仮名資料で「ちきやら」と「いちや」と表記されたことがあるのに、現代語では[tʃikara]（力）であり、[ʔita]（板）であるのである。どこかで「取替え」（あるいは「戻し」）が起こったと考えられる。

　話を「木」にもどす。「木」の問題に関して、高橋（1991）では、次のように言う。つまり、「木」に関して「き」と「け」とで書き分けがあるが、

第2章 「きやうづか」(経塚)が「ちょうじか」になるまで

　一見すると、後者は「類推仮名遣い」と思われる。しかし、現在の方言では一般的に「木」がケに対応する音で発音されている点からすれば、「け」の方が琉球方言の古い形を写しているのである。それにしても、ケとキの混同例として上げられるのではないかと考えられるが、「き」と書かれたものと「け」と書かれたものを比較すると「き」は名前の一部のようになったものに使われており、「け」は複合語の意識の強いものに使われている (p.74-75)。
　(例としては、「くすぬき(楠)、あかき(赤木)、くわげ(桑)、きよらけ(美しい木)」等が上げられている。)

　「混同例」ではなく、先ほどの「面(つら)」と「顔(かほ)」のように (新旧の差はあろうが)、両方が並存したのではないか。それが、単線ではなく、複線で現代まで続いて来たと考えられまいか。例えて言うと、現代日本(共通)語で「ガラス」と「グラス」が (本質は同じであるのに異なる語として)並存しているようなものではあるまいか。「き」と「け」とを同一に帰せしめるのには無理があるように思われる。

　柳田 (1999) では、「木」の「き」「け」に関しても綿密に検討した結果をもとに、次のような解釈を示す。

　「き」で現れる「くすぬき」は、「くす」だけでその木であることを表わすことができるから、極端に言えば「き」はなくてもよい。このような場合には、「キ」が「チ」に転じて「くすぬち」となっても「楠」であることが理解できる。そのために「くすぬき」の形でとどまっているのであろう。これに対して、「け」で現れる「よかるけ」(良かる木)「きやきやるけ」(輝る木) は、木を表す語を欠くことができない。これらは「良かるち」「輝るち」となったのでは意味が理解しにくくなる。そのためにe↔iのゆれによって生じていた「け」の形を利用して、「け」となっているのであろう。(下 p.39-40)

そして、この解釈は、現代首里方言の木をあらわす「キ」「ギ」「チ」「ジ」にもあてはまるとする。

　本来の「き」が、どのように現代(沖縄)語とつながるかという話に帰る。
　上記の16世紀半ば以降に破擦音化したであろうというのを受けて、主に17世紀以降の流れを追っていくことになるが、その前に、16世紀の資料を再確認することから始めることにしよう。

《翻訳》(1501)
　前述したように、*/ki/相当部分は、ハングルの「ki」「khi」で表記されている。破擦音化していない。
＜用例＞　〇'ju-ki(ゆき、雪)　〇khi-ri⟨ni⟩-'u (きのふ、昨日)

第2章 「きやうづか」(経塚)が「ちょうじか」になるまで

《碑文 (玉殿)》(1501)
　用例に見るように、《翻訳》に準じた音価推定が可能であろう。
<用例>　○きんのあんし (金武の按司)　○きこゑ大きみ (聞得大君)

《琉館》(16C 前半？)
　この項目に相当する音訳字で見る限り、*/ki/は[ki]であって、破擦音にはなっていないことがわかる。
　/ki/相当部分と/ke/相当部分に同じ音訳字が使用されている例がある。「及」がそれである。破擦音化より母音の変化 (*/e/→/i/) のほうが先行したことを示唆している。
<音訳字>
　*/ki/に対応する部分に「及、乞、急、掲、結、近、各、角、斤、巾」等が現れる。

　古辞書類「中原音韻」「東国正韻」「訓蒙字会」「西儒耳目資」をもとに音価 (実際の発音) を推定すると、以下のようになる。(古辞書類及び音価推定については、p.116 参照。)

<表4>《琉館》の*/ki/に対応する音訳字とその音価

音訳字	中原音韻	東国正韻	訓蒙字会	西儒耳目資	推定音価	備考
き 及	kiə	kkɯp	hɯp, kɯp	kie	ki	
乞	k'iəi	khɯi'	kɔr	k'i, k'ie, nie	khi	
急	kiəi	kɯp	☆	kie	ki	
掲	k'iəi, kie	kkjɔi	☆	k'in	khi	
結	kie	kjɔi'	☆	kie, ki, hi	ki	
近	kiən	kɯi'	kɯn	kin	kin	「で」の前
きお 各	ko	kak	骼 kak	ko	kjo	
角	kiau, kiue	kak	kak	kio	kjo	
きん 巾	kiɔn	kɯn	kɔn	kin	kiɴ	
斤	kiən	kɯn	kɯn	kin	kiɴ	

　[khi]の[kh]は気音の多い音であることを、[ki]の[k]はそうではない音であることを、それぞれ示している。以下、同じである。

<用例>　○都及 (つき、月)　○由乞 (ゆき、雪)　○葉急 (ゑき、駅)　○掲只 (きて、来て)　○別姑旦結 (びやくだんき、白檀木)　○非近的 (ひきで、引き出)　○亦石乞各必 (いしききおび、石帯)　○乞角必 (ききおび、帯)　○網巾 (まうきん、網巾)　○林斤 (りんきん、下程)
　<*/ke/に対応する「及」の例>　○達及 (たけ、竹)

第 2 章　「きやうづか」(経塚) が「ちょうじか」になるまで

《碑文 (石西)》(1522)
　《翻訳》・《琉館》に準じた音価を推定して、間違いはないと判断される。
<用例>　○き<u>こ</u>ゑ大<u>き</u>ミ (聞得大君)　○<u>き</u>のと (乙)　○ち<u>へ</u>ねんさし<u>き</u>わ (知念佐敷わ)　○たし<u>きや</u>くき (だしきや釘)

《田名 1》(1523)
　《翻訳》・《琉館》に準じた音価を推定して、間違いはないと判断される。
<用例>　○せいやりとみか<u>ひ</u>き (勢遣り富が引き)

《おも 1》(1531)
　「いきやり」「いきやる」は、口蓋化を示す表記である。
　《おも 1》における「カ行音」の子音*/k/の音価は [k, kh] であったと判断される。
<用例>　○き<u>こ</u>ゑて (聞こゑて)　○<u>き</u>みはゑが (君南風が)　○<u>き</u>も (肝、心)　○かた<u>き</u> (敵)　○さし<u>き</u>かなもり (佐敷金杜)　○よ<u>き</u>のはま (よきの浜)　○い<u>き</u>やり (行きやり)　○い<u>き</u>やる (如何る)　○<u>き</u>やのうちみや (京の内庭)

《陳使》(1534)
　《陳使》における「カ行音」の子音*/k/の音価は [k, kh] であったと推定できる。但し、「きや」相当部分に破擦音系統の音訳字が現れているので、その環境では破擦音化が進みつつあったと考えられる。
<音訳字>
　/ki/に対応する部分に「及、急、基、乞、其、掲、氣、近、進、各、着、巾、斤」等が現れる。「及」は、/ke/相当部分にも現れる。

以下、煩雑になるのを避けて、「音訳字」と「推定音価」のみを示すこととする。
　古辞書類の音に関する詳細は、多和田 (2010) を参照。他の資料についても同様とする。

<《陳使》の*/ki/に対応する音訳字とその音価>
　[ki] 及、急、基。[khi] 乞、其、掲。[khɪ] 氣。[kin] 近 (「で」の前)。[tsi] 進
　　[kjo] (きお) 各。[tʃa] (きや) 着。[kiɴ] (きん) 巾、斤
　[kɪ] (け) 及
　　[kɪ]の[ɪ]は、[i]と[e]との間の音を示している。*/ke/に対応するので、同じ字「及」ではあるが、[ki]ではなく、[kɪ]であろうと推定する。
<用例>　○阿<u>及</u> (あき、秋)　○都<u>急</u> (つき、月)　○<u>基</u>舞 (きりん、麒麟)　○<u>乞</u>奴 (きのふ、昨日)　○由<u>其</u> (ゆき、雪)　○<u>掲</u>知 (きて、来て)　○<u>氣</u>力 (きり、霧)　○非<u>近</u>的 (ひきで、引き出)　○非<u>進</u>的 (ひきで、引き出)　○<u>乞各</u>必 (ききおび、帯)　○吾<u>着</u>刻 (おきやく、御客)　○網<u>巾</u> (まうきん、網巾)　○林<u>斤</u> (りんきん、下程)

第2章　「きやっづか」(経塚) が「ちょうじか」になるまで

《碑文 (かた)》(1543)
　「カ行音」の子音*/k/の音価は [k, kh] であったと推定できる。
<用例>　○き<u>こ</u>ゑ大き<u>み</u>（聞得大君）　○ミちは<u>き</u>よらく（道は清らく）　○大りう<u>き</u>う国（大琉球国）

《碑文 (添門)》(1546)
　「カ行音」の子音*/k/の音価は [k, kh] であったと推定できる。
<用例>　○<u>き</u>よらさ（清らさ）　○<u>き</u>こゑ大<u>き</u>み（聞得大君）　○御石か<u>き</u>つませて（御石垣積ませて）

《碑文 (やら)》(1554)
　「カ行音」の子音*/k/の音価は [k, kh] であったと推定する。
<用例>　○<u>き</u>ちやることハ（来ちやることは）　○<u>き</u>こゑ大<u>き</u>み（聞得大君）　○お<u>き</u>なハ（沖縄）　○か<u>き</u>のはなち地（垣花）　○な<u>き</u>やもの（無きやもの）　○い<u>き</u>やてゝ（如何てて）　○しま世のてやち<u>き</u>やら（しま世のてや力）　○たし<u>き</u>やくき（だしきや釘）

《郭使》(1561)
　「カ行音」の子音*/k/の音価は [k, kh] であったと推定される。但し、*/ki/に対応する部分に破擦音を示す音訳字「之」も現れる。破擦音化が始まっていると見ることができる。
<音訳字>
　/ki/に対応する部分に「基、起、吃、及、急、更、其、氣、豈、掲、乞、刻、之、各、近」等が現れる。「基」は/ke/に対応する部分にも現れる。
　<《郭使》の*/ki/に対応する音訳字とその音価>
　　[ki] 基、起、吃、及、急、更、其、氣、豈。[khi] 掲、乞。[khɪ] 刻。[tsi] 之。[kjo]（きお）各。[kin]（きん）斤
<用例>　○<u>基</u>粦（きりん、麒麟）　○<u>起</u>模（きも、肝、心）　○<u>吃</u>之（きて、来て）　○失木都<u>及</u>（しもつき、十一月）　○都<u>急</u>（つき、月）　○一<u>更</u>加烏牙（ゑきがおや、男親）　○由<u>其</u>（ゆき、雪）　○<u>氣</u>力（きり、霧）　○<u>豈</u>奴（きぬ、衣）　○<u>掲</u>知（きて、来て）　○<u>乞</u>大（きた、北）　○<u>刻</u>納里（きなり、木成り、木実）　○（匹）舎蛮（資）<u>之</u>（ひざまづき、跪）　○衣石乞<u>各</u>必（いしきいしきき<u>お</u>び、石帯）　○岡<u>巾</u>（まうきん、網巾）；（*/ke/に対応）○撒<u>基</u>（さけ、酒）

《田名8》(1562)
　「カ行音」の子音*/k/の音価は [k, kh] であったと推定する。
<用例>　○ふさいとミか<u>ひ</u>き（ふさい富が引き）

17

第2章 「きやうづか」（経塚）が「ちょうじか」になるまで

《田名9》（1563）
「カ行音」の子音*/k/の音価は［k, kh］であったと推定される。
＜用例＞ ○せちあらとミかひき（勢治荒富が引き）

《音字》（1572頃）
「カ行音」の子音*/k/の音価は［k, kh］であったと推定できる。但し、*/ki/に対応する部分に破擦音を示す音訳字「之」も現れる。破擦音化が起こり始めていると見ることができる。
＜音訳字＞
/ki/に対応する部分に「乙、基、旗、起、吃、及、急、更、刻、氣、麒、掲、乞、遮、之、各、巾」等が現れる。「基、及」は/ke/に対応する部分にも現れる。
　＜《音字》の*/ki/に対応する音訳字とその音価＞
　［ki］乙、基、旗、起、吃、及、急、更、刻、氣、麒　［khi］乞
　［tsi］遮、之　　［kjo］（きお）各　　［kiɴ］（きん）巾
　［kɪ］（け）基、及
＜用例＞ ○乙依（きぬ、衣） ○那基（なき、泣） ○由旗（ゆき、雪） ○起模（きも、肝、心） ○吃之（きて、来て） ○阿及（あき、秋） ○都急（つき、月） ○一更加烏牙（ゑきがおや、男親） ○刻納里（きなり、木成り、木実） ○氣力（きり、霧） ○麒舜（きりん、麒麟） ○乞奴（きのふ、昨日） ○遮那（きぬ、衣） ○匹舎蛮資之（ひざまづき、跪） ○衣石乞各必（いしきいしききおび、石帯） ○罔巾（まうきん、網巾）； ○撒基（さけ、酒） ○牙及亦石（やけいし、焼石）

《蕭使》（1579）
「カ行音」の子音*/k/の音価は［k, kh］であったと推定できる。但し、*/ki/に対応する部分に破擦音を示す音訳字「之」も現れる。破擦音化が進行していると見ることができる。
＜音訳字＞
/ki/に対応する部分に「基、旗、起、吃、及、急、更、其、氣、豈、掲、乞、刻、之、各、巾」等が現れる。「基、及」は/ke/に対応する部分にも現れる。
　＜《蕭使》の*/ki/に対応する音訳字とその音価＞
　［ki］基、旗、起、吃、及、急、更、其、氣、豈。［khi］掲、乞。［kɪ］刻。［tsi］之。
　［kjo］（きお）各。［kiɴ］（きん）巾
　［kɪ］（け）基、及
＜用例＞ ○一基（いき、行き） ○由旗（ゆき、雪） ○起模（きも、肝、心） ○吃之（きて、来て） ○失木都及（しもつき、十一月） ○都急（つき、月） ○一更加烏牙（ゑきがおや、男親） ○其舜（きりん、麒麟） ○氣力（きり、霧） ○豈奴（きぬ、衣） ○掲知（きて、来て） ○乞奴（きのふ、昨日） ○刻納里（きなり、木成り、木実） ○匹舎蛮資之（ひざまづき、跪） ○衣石乞各必（いしきいしききおび、石帯） ○罔巾（まうきん、網巾）； ○撒基（さけ、酒） ○牙及亦石（やけいし、焼石）

第2章　「きやうづか」（経塚）が「ちょうじか」になるまで

《碑文（浦城）》（1597）

　《碑文（浦城）》における*/ki/は、「き」で表記されている例が多いが、「ち」も現れることから、破擦音化していることを示している。

　他の「カ行音」の子音*/k/の音価は［k, kh］であったと推定される。

<用例>　○きこゑ大きみかなし（聞得大君加那志）　○りうきう（琉球）　○おきなハ（沖縄）　○はつまき（鉢巻）；　○御ちよわい（御来よわひ）　○御ちよわいめし（御来よわい召し）

《田名11》（1606）

　表記の上では、*/ki/に 破擦音化は認められない。

<用例>　○ちやくにとミかひき（謝国富が引き）

《夏使》（1606）

　用字例の多くは破裂音系のそれであるが、破擦音を示す「之」もあり、破擦音化が進行していることを示している。

<音訳字>

　/ki/に対応する部分に「基、旗、起、吃、及、急、更、其、氣、豈、掲、乞、刻、之、各、巾」等が現れる。「基、急」は、/ke/に対応する部分にも現れる。

　＜《夏使》の*/ki/に対応する音訳字とその音価＞

　［ki］基、旗、起、吃、及、急、更、其、氣、豈。［khi］掲、乞。［kɪ］刻。［tsi］之。［kjo］（きお）各。［kin］（きん）巾

　［kɪ］（け）基、急

<用例>　○悶都里一基（もどりいき、戻り行き）　○由旗（ゆき、雪）　○起模（きも、肝）　○吃之（きて、来て）　○阿及（あき、秋）　○都急（つき、月）　○一更加烏牙（ゑきがおや、男親）　○其燐（きりん、麒麟）　○氣力（きり、霧）　○豈奴（きぬ、衣）　○掲知（きて、来て）　○乞大（きた、北）　○刻納里（きなり、木成り、木実）　○匹舎蛮資之（ひざまづき、跪）　○衣石乞各必（いしききおび、玉帯）　○岡巾（まうきん、網巾）；　○撒基（さけ、酒）　○達急（たけ、竹）

《おも2》（1613）

　*/ki/に関しては、基本的に「き」で表記されているが、「ち」の場合もあるので、破擦音化を確認することができる。「いきやる」や「いきやり」などの例はない。

<用例>　○きこゑ中くすく（聞こゑ中城）　○きちへ（着ちへ）　○よきやのろの（よきや神女の）　○きよらや（清らや）　○ひきよせれ（引き寄せれ）　○きよる（来居る）；　（「ち」の例）○ちよわちへ（来よわちへ）　○もちちやる（持ち来やる）

19

第2章 「きやうづか」(経塚)が「ちょうじか」になるまで

《碑文 (よう)》(1620)
　*/ki/の破擦音化した例がある。
<用例>　○<u>き</u>よらく(清らく)　○りう<u>き</u>う国(琉球国)；　○御<u>ち</u>よわひめしよわに(御来よわひ召しよわに)

《おも3》(1623)
　*/ki/に関しては、基本的に「き」で表記されているが、「ち」の場合もあるので、破擦音化を確認することができる。
<用例>　○<u>き</u>たたんのみやに(北谷の庭に)　○<u>き</u>ちへ(来ちへ)<来て>　○<u>き</u>む(肝)　○たうあ<u>き</u>ない(唐商い)　○かた<u>き</u>(敵)　○つ<u>き</u>(月)　○ひ<u>き</u>いちへ物(引き出物)；　○さ<u>ち</u>やる<咲きたる>　○もち<u>ち</u>やる<持ち来たる>　○<u>ち</u>うらのはな<清らの花>

《碑文 (本山)》(1624)
　表記上は、*/ki/の破擦音化の例は見当たらない。
<用例>　○いま<u>き</u>しん(今帰仁)　○からめ<u>き</u>ミちへ

《仲里》(1703頃)
　*/ki/は、表記上は「き」で出てくることが多いが、次の例が示すように、実際は破擦音化していた可能性が高い。その他の項目の(子音の)音価は[k]である。
　　○<u>ち</u>いすの君(<u>き</u>こゑのきみ、聞こゑの君)　○<u>ち</u>へせんきみ(<u>き</u>こゑせんきみ、聞こゑせん君)　○<u>ち</u>よわる(きよわる、来よわる、おいでになる)
<用例>　○<u>き</u>もくら(肝暗)　○<u>き</u>よらよね(清ら雨)　○立<u>き</u>つち(たち切つち)　○つ<u>き</u>おりて(憑き降りて)　○よ<u>き</u>のはま(雪の浜)

《琉由》(1713)
　*/ki/に対応する部分は、多く「き」で表記されているが、破擦音化していた可能性が高い。その他の項目の(子音の)音価は[k]である。
<用例>　○<u>キ</u>ミマモノ　○<u>キ</u>ンナ嶽　○アウサ<u>キ</u>森　○イシ<u>キ</u>ナハ按司　○オ<u>キ</u>ナワノ嶽　○カ<u>キ</u>灰　○フ<u>キ</u>アゲ　○ミサ<u>キ</u>御嶽　○ワ<u>キ</u>ヤ川

《中信》(1721)
　音訳字の「古事書類の音」が示すように、*/ki/は破擦音化している。その他の項目の音価は[k]である。
<音訳字>
　*/ki/に対応する部分に「雞、革、基、棄、気、紀、起、吉、急、掲、乞、刻、其、巳、几、豈、綺、各、衾、輕、巾」等が現れる。

　ここから、参照する古辞書類が変わるので、それぞれの古辞書類の音も示す。《琉見》

第2章 「きやうづか」（経塚）が「ちょうじか」になるまで

《琉訳》については、前例のように、「音訳字」と「推定音価」のみとする。

<表5>《中信》の*/ki/に対応する音訳字とその音価

音訳字		中原音韻	朴通事諺解	老乞大諺解	華英辞典	推定音価
き	雞	kiəi	ki	ki	☆	ki
	革	kiai, kə	☆	☆	☆	tʃi
	基	ki	其 khi, kki	☆	☆	tʃi
	棄	k'i	☆	khi	☆	tʃi
	気	k'iəi	khi	khi	ch'i	tʃi
	紀	ki	☆	☆	☆	tʃi
	起	k'i	khi	khi	☆	tʃi
	吉	kiəi	☆	ki, ki?	☆	tʃi
	急	kiəi	☆	ki, ki?	☆	tʃi
	掲	k'iəi, kie	☆	☆	☆	tʃi
	乞	k'iəi, kie	khi, khi?	☆	☆	tʃi
	刻	k'ə	khɯi, khɯi?	☆	☆	tʃi
	其	k'i	khi, kki	khi, kki	ch'i	tʃi
	巳	ziei	☆	☆	☆	tsi/ tʃi
	几	ki	☆	☆	chi	tʃi
	豈	k'ai	khi	☆	☆	tʃi
きい	綺	k'i	☆	☆	☆	tʃi:
き(お)	各	ko	kɔ, kɔʁ	kɔ, kaw	☆	tʃo
きぬ	衾	k'iəm	☆	☆	☆	tsiɴ
	輕	k'iəŋ	khiŋ	☆	☆	tsiɴ
きん	巾	kiəm	☆	☆	☆	tʃiɴ

「☆」は、該当する漢字が見当たらないことを示す。

<用例> ○雞（き、木）｛「木」は[ki:]であることがわかる｝；○一革拉殺（いきらさ、少らさ）　○基獜（きりん、麒麟）　○喀喇亦棄牙（かはらふきや、瓦葺き屋、瓦房）　○気力（きり、霧）　○阿紀（あき、秋）　○屋起堅（おきる、起きる）　○吐吉（とき、時）　○子急（つき、月）　○掲之（きて、来て）　○衣石乞各必（いしききおび、石帯、玉帯）　○刻納里（きなり、木成、木の実）　○亞立其（ありき、歩き）　○沙八巳（さばき、裁き、櫛）　○會几噶（ゑきが、男）　○豈奴（きぬ、衣）　○綺羅（きいろ、黄色）　○衣石乞各必（いしききおび、石帯、玉帯）　○衾（きぬ、衣）　○輕（きぬ、衣）　○網巾（まうきん、網巾）

《琉見》（1764）

音訳字の「古事書類の音」が示すように、*/ki/は破擦音化している。その他の項目の音価は[k]である。

第2章 「きやうづか」(經塚)が「ちょうじか」になるまで

<音訳字>
　*/ki/に対応する部分に「及、吉、奇、氣、基、機、奇、衾、輕、金、恰、腔、求」等が現れる。
　<《琉見》の*/ki/に対応する音訳字とその音価>
　[tʃi] 及、吉、奇、氣、基、機。[tʃi:]（きい）奇。[tʃiN]（きぬ）衾、輕；（きん）金、輕。
　[tʃa]（きや）恰。[tʃaN]（きやん）腔。[tʃu]（きよ）求
<用例>　○及答（きた、北）　○此吉（つき、月）　○奇失禮（きせる、煙管）　○氣木（きも、肝、心）　○屋基惹（おきなは、沖縄）　○阿撒烏機（あさおき、朝起き）　○奇魯（きいろ、黄色）　○衾（きぬ、衣）　○輕花子的（きぬはぎて、衣剥ぎて、衣脱ぎて）　○牌金（ぺいきん、親雲上）　○輕撒喀子吉（きんさかづき、金杯）　○恰谷（きやく、客）　○腔（きやん、喜屋武）　○求喇殺（きよらさ、清らさ）

《琉訳》(1800頃)
　音訳字の「古事書類の音」が示すように、*/ki/は破擦音化している。その他の項目の音価は[k]である。
　/ki/に関して、用例数が多いのは、「及」である。「及」は/ke/でも現れる。*/ke/でも用例数が一番多い。
<音訳字>
　*/ki/に対応する部分に「及、奇、急、雞、吉、刻、乞、豈、機、其、氣、几、金、輕、直、詰」等が現れる。
　<《琉訳》の*/ki/に対応する音訳字とその音価>
　[tʃi] 及、奇、急、雞、吉、刻、乞、豈、機、其、氣、几。[tʃiN]（きぬ）金、輕

　上記以外の、主な音訳字の『華英辞典』における音を以下に示すと以下のとおりである。　　　直 chï　　詰 chie

<用例>　○阿及（あき、秋）<秋>　○阿喇奇喀即（あらきかぜ、荒き風）<颮>　○倭急拿（おきなは、沖縄）<琉球>　○哭羅雞（くろき、黒木）<烏木>　○吉（き、木）<木>　○刻納里（きなり、木成り、木実）<菓>　○乞齊空書（きざはし、階）<階>　○豈奴（きぬ、衣）<衣服>　○機禄（きゆ、消ゆ）<消銷>　○其砂看若（きさから、先から）<先来>　○火氣（はうき、箒）<掃箒>　○孩父几（はひふき、灰吹）<唾壺>　○金（きぬ、衣）<裘>　○輕（きぬ、衣）<衣>　○武直（おき、沖）<沖>　○詰之（きて、来て）<到>

《漂録》(1818)
　*/ki/は、完全に破擦音化している。
<用例>　○cu-ra-sa（きよらさ、清らさ）　○si-mo-ci-ci（しもつき、霜月、十一月）　○ci-ci（つき、月）　○cu-cu-ra-sa（つよきよらさ、強清らさ）

第2章　「きやうづか」(経塚)が「ちょうじか」になるまで

《クリ》（1818）
　ほとんど現代語と同じと考えてよい。
　*/ki/に対応するものは、破擦音化している。[tʃi]となっている。
　次の例が示すように、「木（き）」は、[ki:]である。
　　　☆nashikee（ヤシ木、椰子木）
＜用例＞　○ching（きぬ、衣、着物）　○chirreetee（きれて、切れて）　○tinchee（てんき、天気）　○twitchee（とき、時）　○cheeta（きた、北）　○cheenoo（きのふ、昨日）　○katchee（かき、垣）　○ching（きん、金）　○oostitchee（おつき、御月）

《官話》（19世紀?）
　*/ki/相当部分に「チ」「キ」「ケ」が現れる。
　これだけでは、これら三つが同音を示しているように見えてしまうが、そうではない。「キ」と「チ」とが、「キ」と「ケ」とが、それぞれ同音となったが、「チ」と「ケ」とが同音になったわけではない。（*/ki/相当の子音部分は破擦音化しているが、*/ke/相当の場合はそうではない。）
　表記と実際の音声とが一致しない好例である。この資料では、この種の「混用」（あるいは、「混乱」）が多数出現する。この原因は母音の変化にある。*/e/と*/i/とが同音になったために生じたものである。*/ku/と*/ko/にも同様のことが起こっている。
＜用例＞　○チタイク子イ（きだいこね、黄大根）　○チイバ（きば、牙）　○ツハチアンラ（つばきあぶら、椿油）　○ホウフチナア（はうきな、箒菜）；　○キビ（きび、黍）　○キモ（きも、肝）　○ミキ（みき、御酒）　○ワキ（わき、脇）；　○ケジ（きず、疵）　○ケウエ（きうり、胡瓜）

《沖話》（1880）
　/ki/相当部分に「チ chi」が、/ke/相当部分に「キ ki」が、それぞれ規則的に対応していると言えるが、補足説明が必要である。
　「き（木）」は、「キイ　kī」である。但し、「クルチ。kuruchi（くろき、黒木）」が存在する。
＜用例＞　○チールー chīrū（き、黄）　○チク chiku（きく、菊）　○チシリ chishiri（きせる、煙管）　○チヌー chinū（きのふ、昨日）　○チーバ chība（きば、牙）　○チリ chiri（きり、霧）　○アチ achi（あき、秋）　○サバチ sabachi（さばき、裁き、櫛）　○スチ suchi（すき、鋤）　○ツチ tsichi（つき、月）　○ワチ wach（わき、脇）；　○キイ kī（き、木）　○キーフヂ Kifuji（きふぢ、木藤）；　○クルチ kuruchi（くろき、黒木）

《チェン》（1895）
　*/ki/相当部分に「chi」が対応する。破擦音化している。
＜用例＞　○chī（き、気）　○chikachi（きかして、聞かして）　○Ching（きぬ、衣）

○Uchinā（おきなは、沖縄）　○tsichi（つき、月）　○tinchi（てんき、天気）　○tuchi（とき、時）　○yuchi（ゆき、雪）

《沖辞》（1963）

音価は、*/ki/の子音が[ʧ]で、その他（*/ke/*/ka/*/ku/*/ko/）の子音は[k]である。但し、「木（き）」は、kii[ki:]である。

＜用例＞　○ciiru（きいろ、黄色）　○ciku（きく、菊）　○cisiri（きせる、煙管）　○cinuu（きのふ、昨日）　○ciiba（きば、牙）　○ciri（きり、霧）　○ʔaci（あき、秋）　○kuruci（くろき、黒木）　○sabaci（さばき、裁き、櫛）　○çici（つき、月）　○ʼwacikuugi（わきげ、脇毛）；　○kii（き、木）

現代語（1970年代）

音価は、*/ki/の子音が[ʧ]で、その他（*/ke/*/ka/*/ku/*/ko/）の子音は[k]である。但し、「木（き）」は、[ki:]である。

＜用例＞　○ʧi:ru:（きいろ、黄色）　○ʧiku（きく、菊）　○ʧiʃiri（きせる、煙管）　○ʧinu:（きのふ、昨日）　○ʧi:ba（きば、牙）　○ʧiri（きり、霧）　○ʔaʧi（あき、秋）　○kuruʧi（くろき、黒木）　○sabaʧi（さばき、裁き、櫛）　○ʧiʧi（つき、月）　○waʧi（わき、脇）；　○ki:（き、木）

以上で、*/ki/の変化過程を示すことができた。繰り返しになるが、*/ki/は、16世紀終わりあたりからその兆候を示し、17世紀の初めごろ破擦音化して/cji/[ʧi]となっていた。

2）*/-jau/（やう）の変化

次は/-jau/（ーやう）であるが、これは二重母音/-au/の変化として捉えるのがよい。
ここでも、表の形で結果を先に示しておこう。/-au/は、16世紀初めあたりから長音/oo/となり（資料によっては共存状態にあり）、19世紀には完全に長音化する。更に、19世紀終わりあたりから/uu/になる例も出てくる。

＜表6＞ */-au/の変化

15世紀以前	翻訳 1501	碑文王殿 1501	琉館 16c半	碑文石東 1522	碑文石西 1522	田名1 1523	碑文崇寺 1527	おも1 1531	陳使 1534
au	au	☆	au, oo	☆	(au)oo	(au)oo	☆	(au)oo	au, oo

田名2 1536	田名3 1537	田名4 1541	碑文かた 1543	田名5 1545	碑文添門 1546	田名6 1551	碑文やら 1554	田名7 1560	郭使 1561
☆	(au)oo	☆	(au)oo	☆	(au)oo	☆	(au)oo	☆	au, oo

第 2 章　「きやうづか」（経塚）が「ちょうじか」になるまで

田名8	田名9	音字	蕭使	田10	碑文浦城	田名11	夏使	おも2	碑文よう
1562	1563	1572頃	1579	1593	1597	1606	1606	1613	1620
☆	☆	au, oo	au, oo	☆	(au)oo	☆	au	(au)oo	(au)oo
おも3	碑文本山	田12	田名13	田14	田名15	田名16	仲里	混驗	琉由
1623	1624	1627	1628	1631	1634	1660	1703頃	1711	1713
(au)oo	(au)oo	☆	☆	☆	☆	☆	(au)oo	(au)oo	(au)oo
中信	琉見	琉訳	漂録	クリ	官話	沖話	チェン	沖辞	現代語
1721	1764	180頃	1818	1818	19c?	1880	1895	1963	1970代
au, oo	au, oo	au, oo	oo, uu	oo	oo	oo	oo, uu	oo, uu	oo, uu

☆：用例なし

《翻訳》（1501）
　融合していない。[-au][-ao]等として実現していよう。しかし、「正月」の例が示すように、長音化の姿も見せている。
<用例>　○pha・'o・ki<箒>（はうき、箒）　○ca<ca・u><象>（ざう、象）　○sja・oŋ・ka<生薑>（しやうが、生姜）　○sja・oŋ・koa・cʌ<正月>（しやうぐわつ、正月）　○mja・'u・njɔn<開年>（みやうねん、明年）；　○sjo・oŋ・koa・cʌ<正月>（しやうぐわつ、正月）

《琉館》（16C前半？）
　音訳字の「古辞書類の音」に依ると、融合した場合とそうでない場合とが混在している。《翻訳》がそうであったように、二重母音と長母音とが並存状態にあると見るのがよかろう。
<用例>　○稿達馬<香珠>（かうだま（香玉）（香珠）　○大刀那安周<大唐大人>（だいたうのあんじ、大唐の按司）　○思哇<蘇木>（すはう、蘇芳）　○思合約<蘇合薬>（すはうやく、蘇芳薬）　○包子<和尚>（ばうず、坊主）　○糟<象>（ざう、象）　○朝老<長老>（ちやうらう、長老）　○晃礬<黄礬>（くわうばん、黄礬）　○夫窩<鳳凰>（ほうわう、鳳凰）　○魚敖<硫黄>（ゆわう、硫黄）　○塔把<塔>（たふば、塔婆）　○昴及<倭扇>（あふぎ、扇）　○焼哇的<正月>（しやうぐわつ、正月）　○上書<尚書>（しやうしよ、尚書）　○朝老<長老>（ちやうらう、長老）　○瓢布<屏風>（びやうぶ、屏風）　○苗年<明年>（みやうねん、明年）

《碑文（石西）》（1522）
　融合していない姿を見せている。[-au]としてよかろう。
<用例>　○世の御さうせのために（世の御思想のために）　○まうしかねかうちの大やくもい（真牛金河内の大やくもい）　○まうはらいの時に（毛祓いの時に）　○はしく

第2章 「きやうづか」（経塚）が「ちょうじか」になるまで

やうの御ゆわい（橋供養の御祝い）

《田名1》(1523)
融合していない姿を見せている。[-au]としてよかろう。
<用例> ○た<u>う</u>へまいる（唐へ参る）

《おも1》(1531)
融合していない姿を見せている。[-au]としてよかろう。
<用例> ○御さ<u>う</u>せ＜お考え＞ ○おれな<u>ふ</u>しよわ＜降り直し給え＞

《陳使》(1534)
《翻訳》《琉館》と同様、二重母音と長母音とが並存状態にある。
<用例> ○稿＜香＞（か<u>う</u>、香） ○大刀那必周＜唐人＞（だいた<u>う</u>のひと、大唐の人） ○司哇＜蘇木＞（すは<u>う</u>、蘇芳） ○包名＜報名＞（は<u>う</u>めい、報名） ○鮑子＜和尚＞（ば<u>う</u>ず、坊主） ○糟＜象＞（ざ<u>う</u>、象） ○綱巾＜綱巾＞（ま<u>う</u>きん、綱巾） ○失窩＜鳳凰＞（ほ<u>う</u>わう、鳳凰）（ママ） ○嗑乜那各＜玳瑁＞（かめのか<u>ふ</u>、亀の甲） ○昂季＜倭扇＞（あ<u>ふ</u>ぎ、扇） ○焼哇的＜正月＞（しや<u>う</u>ぐわつ、正月） ○丈思＜長史＞（ち<u>や</u>うし、長史）

《田名3》(1537)
融合していない姿を見せている。[-au]としてよかろう。
<用例> ○た<u>う</u>へまいる（唐へ参る）

《碑文 (かた)》(1543)
融合していない姿を見せている。[-au]としてよかろう。
<用例> ○もろこしのてい<u>わう</u>（唐土の帝王） ○き<u>や</u>うしゆんの御代ににたり（堯舜の御代に似たり） ○千り<u>やう</u>の金を（千両の金を）

《碑文 (添門)》(1546)
融合していない姿を見せている。[-au]としてよかろう。
<用例> ○か<u>う</u>ちの大やくもい（河内の大屋子思い） ○ち<u>や</u>うら<u>う</u>は<u>う</u>すたそろて（長老坊主達揃て） ○御世の御さ<u>う</u>せめしよわちへ（御世の御思想召しよわちへ） ○ま<u>う</u>はらへの時に（毛祓への時に） ○御く<u>やう</u>の御ゆわひ（御供養の御祝ひ） ○するゑつきの御ち<u>やう</u>（末続の御門）

《碑文 (やら)》(1554)
融合していない姿を見せている。[-au]としてよかろう。
<用例> ○ち<u>や</u>うら<u>う</u>は<u>う</u>すたそろて（長老坊主達揃て） ○御世のおさ<u>う</u>せ（御世の

第 2 章　「きやうづか」(経塚)が「ちょうじか」になるまで

御思想)　○こちひらの大やくもいまうし(東風平の大屋子・思い真牛)　○まうはらひ(毛祓ひ)　○わうかなしの(加那志の)　○てにつきわうにせ(天継ぎ王仁世)　○わうかなしむ(王加那志む)　○ふきやう一人(奉行一人)　○そうふきやう二人(総奉行二人)

《郭使》(1561)
　《翻訳》《琉館》《陳使》と同様、二重母音と長母音とが並存状態にある。
＜用例＞　○槁炉＜香爐＞(かうろ、香炉)　○大刀那必周＜唐人＞(だいたうのひと(大唐の人)　○司哇＜蘇木＞(すはう、蘇芳)　○包名＜報名＞(はうめい、報名)　○褰子＜和尚＞(ばうず、坊主)　○左詩＜書＞(さうし、草紙)　○喳＜象＞(ざう、象)　○罔巾＜網巾＞(まうきん、網巾)　○盒呼窩＜鳳凰＞(ほうわう、鳳凰)　○油哇＜硫磺＞(ゆわう、硫磺)　○柱其＜倭扇＞(あふぎ、扇)　○焼哇的＜正月＞(しやうぐわつ、正月)　○遶＜城＞(じやう、城)　○郁＜門＞(じやう、門)　○史司＜長吏＞(ちやうし、長吏)　○彪烏＜表章＞(ひやう、表)　○飄布＜屏峯＞(びやうぶ、屏風)

《音字》(1572頃)
　《翻訳》《琉館》《陳使》《郭使》と同様、二重母音と長母音とが並存状態にある。
＜用例＞　○槁炉＜香炉＞(かうろ、香炉)　○大刀那必周　＜唐人＞(だいたうのひと、大唐の人)　○司哇＜蘇木＞(すはう(蘇芳)　○包名＜報名＞(はうめい、報名)　○褰子＜和尚＞(ばうず、坊主)　○呼窩＜鳳凰＞(ほうわう、鳳凰)　○嗑乜那各＜玳瑁＞(かめのかふ、亀の甲)　○匹胡平＜瓶＞(しがふびん、四合瓶)　○柱其＜倭扇＞(あふぎ、扇)　○戱其＜棊子＞(しやうぎ、将棋)(象棋)　○焼哇的＜正月＞(しやうぐわつ、正月)　○丈司＜長史＞(ちやうし、長史)　○瓢布＜屏風＞(びやうぶ、屏風)

《蕭使》(1579)
　《翻訳》《琉館》《陳使》《郭使》《音字》と同様、二重母音と長母音とが並存状態にある。
＜用例＞　○槁炉＜香爐＞(かうろ、香炉)　○司哇＜蘇木＞(すはう、蘇芳)　○包名＜報名＞(はうめい、報名)　○左詩＜書＞(さうし、草紙)　○喳＜象＞(ざう、象)　○罔巾＜網巾＞(まうきん、網巾)　○呼窩＜鳳凰＞(ほうわう、鳳凰)　○油哇＜硫磺＞(ゆわう、硫磺)　○柱其＜倭扇＞(あふぎ、扇)　○焼哇的＜正月＞(しやうぐわつ、正月)　○遶＜城＞(じやう、城)　○史司＜長吏＞(ちやうし、長吏)　○彪烏＜表章＞(ひやうを、表を)○飄布＜屏峯＞(びやうぶ、屏風)

《碑文(浦城)》(1597)
　融合していない姿を見せている。[-au]としてよかろう。
＜用例＞　○かなそめはつまきはうすた(金染め鉢巻坊主達)　○御さうせめしよはちへ

第2章 「きやうづか」(経塚) が「ちょうじか」になるまで

(御思想召しよはちへ) ○まうはらひ (毛祓ひ) ○とよミ城の大やくもいまうし (豊見城の大屋子思い真牛) ○くに＼／のあちへちやうらうた (国々の按司部長老達) ○わうかなしのおほこりめしよハちゑ (王加那志の御誇り召しよはちへ) ○するまさるわうにせてて (末勝る王仁世てて) ○ちうさんわうしやうねい (中山王尚寧王は) ○千りやうの金よりも (千両の金よりも) ○たミひやくしやうのため (民百姓のため) ○ふきやう二人 (奉行二人)

《夏使》(1606)
<用例> ○稿炉<香爐>(かうろ、香炉) ○司咥<蘇木>(すはう、蘇芳) ○包名<報名>(はうめい、報名) ○左詩<書>(さうし、草紙) ○喏<象>(ざう、象) ○罔巾<網巾>(まうきん、網巾) ○呼窗<鳳凰>(ほうわう、鳳凰) ○油咥<硫磺>(ゆわう、硫磺) ○枉其<倭扇>(あふぎ、扇) ○馘基<棊子>(しやうぎ、将棋) ○焼哇的<正月>(しやうぐわつ、正月) ○遧<城>(じやう、城) ○都<門>(じやう、門) ○彪烏<表章>(ひやうを、表を) ○飄布<屏峯>(びやうぶ、屏風)

《おも2》(1613)
<用例> ○はうて<這って> ○さうす<清水> ○さうせて<考えて> ○てたかふさよわるくすく<テダが栄え給う城>

《碑文 (よう)》(1620)
<用例> ○御さうせめしよわちへ (御思想召しよをちへ) ○御はかのさうちハ (御墓の掃除は) ○いしふきやう (石奉行) ○そうふきやう (総奉行)

《おも3》(1623)
<用例> ○おかう<お顔> ○おみかう<御み顔> ○むかうとし<向かう年> ○たう<唐> ○はうて<這って> ○御さうせ<お考え> ○まうて<舞うて> ○なうちへ<直して> ○あうらちへ<煽らして> ○あんしかすのわう<按司数の王> ○むかふとし<向かう年> ○きやう<京> ○ぢやう<門> ○よりやう<寄り合う>
※ 「みかお<御顔>、 みかおう<御顔>、みかを<御顔>」もある。

《碑文 (本山)》(1624)
<用例> ○御さうせめしよわちへ (御思想召しよをちへ) ○天にあふき地にふして (天に仰ぎ地に伏して) ○石ふきやうあたにや太郎 (石奉行安谷屋太郎)

《仲里》(1703頃)
表記上は、融合していない。
<用例> ○いしたうね (石飼葉桶) ○さんどたうと (さんど尊と) ○なたうて (成

第2章　「きやうづか」（経塚）が「ちょうじか」になるまで

たうて）　○たうさきの司（堂崎の司）　○わうにせ（王仁世）　○なふす（直す、世の繁栄を祈る神事をする）　○あふさばい（青さばい）　○みまふやうちへ（見守やうちへ）

《混験》（1711）
　表記上は、融合していない。

<用例>　○かうのあつため（鹿肉）　○かうろく豆（本大豆）　○おたうふ（御豆腐）　○たうきみ（唐黍）　○おはうちや（たちもの　庖丁）　○はうと（鳩）　○御さうぜ（叡慮）　○さう（笙）　○まう鳥（鵜之鳥）　○ふらう（豇豆白角豆　紫豇豆　紋豇豆）　○あうれ（来れ）　○くわうていかなし（皇帝ノ御事）（皇帝加那志）　○むかふ年（来年）　○あがふれ（食なとあかれ）　○あふたふと（仏神を信仰する詞）　○袖たれてまふて（広き袖を翻して舞）　○ゑらふてる月（さやか成月）　○ちやうぎぬ（朝衣）　○めしやうれ（食など参れ）　○おみかう（御顔）（みかほ）　○みおむきやうへ（美御頭）（みおみかうべ）

《琉由》（1713）
　表記上は、融合していない。
<用例>　○ナカウ川　○山ガウト　○御タウグラ火神　○コバダウノ嶽　○コバウノ森　○サウズ川　○アラザウリ　○ヨリアゲマウリ御イベ　○カナウヅカサノ御イベ　○ヒラウ嶽　○アウサキ森　○ワウ地　○カフ　○真ダフツ按司　○サフシキンノ殿　○アラザフリ　○中間マフリ　○アフスシヅカサ　○カヤウ嶽御イベ　○ヤウノ嶽

《中信》（1721）
　音訳字は、二重母音系のものとそうでないものとが混じっている。融合への過渡期といったところである。
<用例>　○呵唔失失（かうしし、鹿肉）　○科的（かうて、買うて）　○叨濃周（たうのひと、唐の人）　○托福（たうふ、豆腐）　○司哇（すはう、蘇芳）　○火氣（はうき、箒）　○和着（はうちやう、包丁）　○包名（はうめい、報名）　○棒（ばう、棒）　○巴子（ばうず、坊主）　○錯関（さうめん、素麺）　○喳（ざう、象）　○網巾（まうきん、網巾）　○呼窩（ほうわう、鳳凰）　○油哇（ゆわう、硫黄）　○衣米小利（めしさふらへ、召し候へ）　○亂思古苔（らふそくだい、蝋燭台）　○枉其（あふぎ、扇）　○沙由（しやうゆ、醤油）　○那没燒介（なましやうが、生生姜）

第2章 「きやうづか」(経塚)が「ちょうじか」になるまで

《琉見》(1764)
　《中信》同様、音訳字は、二重母音系のものとそうでないものとが混じっている。融合への過渡期といったところであるが、《中信》よりは進んでいる。
＜用例＞　○柯以禮（<u>かう</u>いれ、香入れ）　○哈巴煞（<u>かう</u>ばさ、香ばさ）　○科倍（<u>か</u><u>う</u>べ、頭）　○柯列（<u>かう</u>らい、高麗）　○駄（<u>たう</u>、唐）　○拖福（<u>たう</u>ふ、豆腐）　○和吉（<u>はう</u>き、箒）　○和竹（<u>はう</u>ちやう、庖丁）　○波子（<u>ばう</u>ず、坊主）　○索悶（<u>さう</u>めん、索麺）　○羅搭低（<u>らう</u>たて、蝋立て）　○由哇（ゆ<u>わう</u>、硫磺）　○芍喀（<u>しやう</u>が、生姜）　○芍倭刮止（<u>しやう</u>ぐわつ、正月）　○和竹（<u>はう</u>ちやう、庖丁）　○秒不（<u>びやう</u>ぶ（屏風）

《琉訳》(1800頃)
　《中信》《琉見》よりは融合化が進んでいると見なせる。
＜用例＞　○果山（<u>かう</u>ざん、高山）　○桃（<u>たう</u>、唐）　○叨（<u>たう</u>、唐）　○撈麻（<u>たう</u>ま、当真）　○不多（<u>ぶだう</u>、葡萄）　○火氣（<u>はう</u>き、箒）　○泊書（<u>ばう</u>しゆ、芒種）　○莫如（<u>まうじう</u>、猛獣）　○拏佳（<u>なう</u>か、何か）　○怪羅（くわい<u>らう</u>、回廊）　○羅（<u>ら</u><u>う</u>、狼）　○窩（<u>あう</u>、襖）　○覺（<u>きやう</u>、郷）　○著金（<u>きやう</u>げん、狂言）　○火我（ほ<u>うわう</u>、鳳凰）　○油哇（ゆ<u>わう</u>、硫黄）　○由我（ゆ<u>わう</u>、硫黄）　○窩（<u>かう</u>、閘）　○石多（し<u>たう</u>、慕ふ）　○答古我（た<u>くはう</u>、貯ふ）　○武博（う<u>ばう</u>、奪ふ）　○阿喀納（あが<u>なう</u>、償ふ）　○阿禄（あ<u>らう</u>、洗ふ）　○及落（き<u>らう</u>、嫌ふ）　○瓦禄（わ<u>らう</u>、笑ふ）　○柱其（<u>あう</u>ぎ、扇）　○阿午一（<u>あうひ</u>、葵）　○阿父禄（<u>あう</u>る、溢る）

《漂録》(1818)
　融合して[-oː]となっている。
＜用例＞　○<u>o</u>-ci（<u>あう</u>ぎ、扇）　○'<u>o</u>（<u>わう</u>、王）　○sj<u>on</u>-koa-chi（<u>しやう</u>ぐわつ、正月）

《クリ》(1818)
　綴り字は「aw」と「o」との二つ存在するが、ともに[oː]を表している。
＜用例＞　○k<u>aw</u>（<u>かう</u>、香）　○k<u>aw</u>roo（<u>かう</u>ろ、香炉）　○pint<u>aw</u>（べん<u>たう</u>、弁当）　○b<u>aw</u>（<u>ばう</u>、棒）　○b<u>od</u>see（<u>ばう</u>ず、坊主）　○b<u>od</u>zee（<u>ばう</u>ず、坊主）　○ch<u>aw</u>ching（<u>ちやう</u>ちん、提灯）　○<u>o</u>jee（<u>あう</u>ぎ、扇）　○t<u>aw</u>shoong（<u>たう</u>す、倒す）　○d<u>aw</u>（<u>らう</u>、蝋）

《官話》(19世紀?)
　表記上は、二重母音のようなものがあるが、「ホウフ」「トウ」等が示すように、融合して[-oː]となっていると考えられる。
＜用例＞　○アカ<u>カウ</u>ジ（あか<u>かう</u>じ、赤麹）　○ク<u>ヲリ</u>ヤ（<u>かう</u>らい、高麗）　○コヲリサ<u>タウ</u>（こほりさ<u>たう</u>、氷砂糖）　○サ<u>トフ</u>モキ（さ<u>たう</u>もち、砂糖餅）　○<u>タウ</u>フ（<u>たう</u>ふ、豆腐）　○カン<u>タヲ</u>ホ（かん<u>たう</u>ふ、干豆腐）　○<u>トウ</u>フマメ（<u>たう</u>ふまめ、

第 2 章 「きやうづか」(経塚) が「ちょうじか」になるまで

豆腐豆）　○ホウフチナア（はうきな、箒菜）　○サウミン（さうめん、索麺）　○サウメン（さうめん、索麺）　○グザウ（ござう、五臓）　○ヒンタウ（びんらう、檳榔）　○シヤウガ（しやうが、生姜）　○シヤウヨ（しやうゆ、醤油）　○ヤウジヤウ（やうじやう、養生）　○ヤコビヤウ（やくびやう、厄病）　○リイビウフ（りびやう、痢病）

《沖話》(1880)

融合して[-o:]となっている。「なう（何）」は更に変化して[nu:]となっている。

＜用例＞　○サトウ Satō（さたう、砂糖）　○タウヒイウ tōfiyū（たうひう、橙皮油）　○ビントウ Bintō（べんたう、弁当）　○ハウチ hōchi（はうき、箒）　○グンバウ gunbō（ごばう、牛蒡）　○ボウズ bōzi（ばうず、坊主）　○ソウミン sōmin（さうめん、素麺）　○オホム ōmu（あうむ、鸚鵡）　○ロー ro（らふ、蠟燭）　○チヤウデー chōdē（きやうだい、兄弟）　○ショウユー shōyū（しやうゆ、醤油）　○テウチン chōchin（ちやうちん、提灯）　○ドヂヤウ。dujō（どぢやう、泥鰌）　○ミヤウブ。myōbu（びやうぶ、屏風）　○ムヨー muyō（もやう、模様）　○ヨウカン yōkan（やうかん、羊羹）；　○ヌー nū（なう、何）

《チェン》(1895)

融合して[-o:]となっている。「nū（なう、何）」は更に変化した姿か。

＜用例＞　○sō-dang（さうだん、相談）　○fintō（へんたふ、返答）　○rō（らふ、蠟）　○kē-shō（かいしやう、海上）　○yōjō（やうじやう、養生）　○nū（なう、何）

《沖辞》(1963)

融合して [o:] となる。但し、「さたう（砂糖）」は[sa:ta:]で、[a:]である。また、「なう（何）」は、（[o:]の後、更に変化したらしく）[u:]として実現する。

＜用例＞　○biNtoo（べんたう、弁当）　○hooci（はうき、箒）　○guNboo（ごばう、牛蒡）　○boozi（ばうず、坊主）　○soomiN（さうめん、素麺）　○roo（らふ、蠟燭）　○coodee（きやうだい、兄弟）　○sjoojuu（しやうゆ、醤油）　○coociN（ちやうちん、提灯）　○bjoobu（びやうぶ、屏風）　○mujoo（もやう、模様）　○joosi（やうし、養子）；　○saataa（さたう、砂糖）；　○nuu（なう、何）

現代語（1970年代）

融合して [o:] となる。但し、「さたう（砂糖）」は[sa:ta:]で、[a:]である。また、「なう（何）」は、（[o:]の後、更に変化したらしく）[u:]として実現する。

＜用例＞　○binto:（べんたう、弁当）　○ho:ʃi（はうき、箒）　○gumbo:（ごばう、牛蒡）　○bo:ʥi（ばうず、坊主）　○so:min（さうめん、素麺）　○ro:（らふ、蠟燭）　○tʃo:de:（きやうだい、兄弟）　○so:ju:（しやうゆ、醤油）　○tʃo:ʃin（ちやうちん、提灯）　○bjo:bu（びやうぶ、屏風）　○mujo:（もやう、模様）　○jo:ʃi（やうし、

第2章 「きやうづか」(経塚) が 「ちょうじか」 になるまで

養子); ○sa:ta:(さたう、砂糖); ○nu:(なう、何)

以上、/-au/は、16世紀初めあたりから長音/oo/となり(資料によっては共存状態にあり)、19世紀には完全に長音化する。更に、19世紀終わりあたりから/uu/になる例も出てくることが跡付けられる。

3)＊/du/(づ)の変化

＊/du/「づ」の変化について考察する。

流れを概観すると、15世紀以前が/du/[du]、16世紀～17世紀前半が/zü/[dzɯ]、17世紀半ば～17世紀終りが/zï/[dzï]、18世紀初め～20世紀初めが/zi/[dzi]、20世紀半ば～現代が/zji/[dʑi]ということになる。

<表7>＊/du/(づ)の変化

15世紀以前	翻訳	碑文玉殿	琉館	碑文石東	碑文石西	田名1	碑文崇寺	おも1	陳使
	1501	1501	16c半	1522	1522	1523	1527	1531	1534
du	zü	zü	zü	zü	zü	zü	zü	zü	zü

田名2	田名3	田名4	碑文かた	田名5	碑文添門	田名6	碑文やら	田名7	郭使
1536	1537	1541	1543	1545	1546	1551	1554	1560	1561
zü	zü	zü	zü	zü	zü	zü	zü	zü	zü

田名8	田名9	音字	蕭使	田名10	碑文浦城	田名11	夏使	おも2	碑文よう
1562	1563	1572頃	1579	1593	1597	1606	1606	1613	1620
zü	zü	zü	zü	zü	zü	zü	zü	zü	zï

おも3	碑文本山	田名12	田名13	田名14	田名15	田名16	仲里	混験	琉由
1623	1624	1627	1628	1631	1634	1660	1703頃	1711	1713
zï	zï	zï	zï	zï	zï	zï	zi	zi	zi

中信	琉見	琉訳	漂録	クリ	官話	沖話	チェン	沖辞	現代語
1721	1764	1800頃	1818	1818	19c?	1880	1895	1963	1970代
zi	zi	zi	zi	zi	zi	zi	zi	zi	zji

/zü/=[dzɯ]、/zï/=[dzï]、/zi/=[dzi]、/zji/=[dʑi]

《翻訳》(1501)

＊/du/に対応する例が見当たらない。存在すれば、＊/tu/との対応関係から考えて、その子音部分は、ハングルの「c」か「z」かで表記されたはずである。破擦音化した

第2章 「きやうづか」(経塚)が「ちょうじか」になるまで

[ʥ][ʨ]であったろう。
　*/ti, tu/に対応する子音部分は、ハングルの「c」「ch」で、それぞれ表記されている。(例)　○ci（ち、地）　○na・cʌ（なつ、夏）　○chʌ・ra（つら、面）

《碑文（玉殿）》(1501)
　《翻訳》に準じた音価を推定してよいと考えられる。*/de, da, do/に対応する子音は[d]、*/di/と*/du/とに対応する例は見当たらないが、破擦音化した[ʥ][ʨ]が想定されよう。

《琉館》(16C前半？)
　/di/に対応する「失、扎」、/du/に対応する「足、子」がそれぞれ示しているように、《翻訳》と同様、*/de, da, do/に対応する子音は[d]、*/di/と*/du/とに対応する子音は[ʥ][ʨ]であったと考えられる。
　*/du/に対応する部分に「子、足、多」が現れる。

　　＜《琉館》の*/du/に対応する音訳字とその音価＞
　　[dzɯ] 子、足　　　[du] 多
＜用例＞　○撒嗑子及（さかづき、杯）　○民足（みづ、水）　○非撒慢多及（ひざまづき、跪）

《碑文（石西）》(1522)
　《翻訳》《琉館》に準じて、*/de, da, do/に対応する子音は[d]、*/di/と*/du/とに対応する子音は[ʥ][ʨ]であったと推定してよかろう。
＜用例＞　○ミつかくこ（水恪護）　○ミつのへむまのとし（壬午の年）

《おも１》(1531)
　濁点が付されていたりいなかったりで、統一性がない。同一の言葉であると思われるもので、濁点のあるものとそうでないものとがあることが、それを如実に物語っている。次の例参照。
　　　○もとりよれ（戻り居れ）　○もどりよれ（戻り居れ）
　用例に依る限りにおいて《翻訳》《琉館》等に準じた音価推定ができる。*/de, da, do/に対応する子音は[d]、*/di/と*/du/とに対応する子音は[ʥ][ʨ]であった。
＜用例＞　○あけめつら＜傘の名＞　○世づき富（世付き富）　○やへましまいつこ（八重山島兵士）　○やへましまいづこ（八重山島兵士）

《陳使》(1534)
　/di//de/*/da/*/du/*/do/それぞれに、《琉館》と共通の音訳字が現れるので、《琉館》に準じた音価が推定できる。即ち、*/de, da, do/に対応する子音は[d]、*/di/と*/du/とに対応する子音は[ʥ][ʨ]であったと考えられる。

第 2 章 「きやうづか」(経塚) が「ちょうじか」になるまで

*/du/に対応する部分に「子、足、都」が現れる。

<《陳使》の*/du/に対応する音訳字とその音価>
[dzɯ] 子、足　　　[du] 都

<用例>　○撒嗑子急 (さかづき、杯)　○民足 (みづ、水)　○非撒慢都急 (ひざまづき、跪)

以下の仮名資料に関しても、《翻訳》《琉館》等に準じた音価推定が可能と考え、*/de, da, do/に対応する子音は [d]、*/di/と*/du/とに対応する子音は [ȡ][ʥ] であったとする。

《碑文 (かた)》(1543)
<用例>　○さつけめしよわちへ (授け召しよわちへ)　○ミつのとのう (癸の卯)

《碑文 (添門)》(1546)
<用例>　○ミつのととり (癸酉)

《碑文 (やら)》(1554)
<用例>　○ミつのかくこハ (水の恪護は)　○ミつのと (癸)

《郭使》(1561)
　/di//de/*/da/*/du/*/do/それぞれに、《琉館》《陳使》と共通する音訳字が現れるので、《琉館》《陳使》に準じた音価を推定することが可能である。即ち、*/de, da, do/に対応する子音は [d]、*/di/と*/du/とに対応する子音は [ȡ][ʥ] であったと言うことができる。
　*/du/に対応する部分に「子、資、足、的」が現れる。

<《郭使》の*/du/に対応する音訳字とその音価>
[dzɯ] 子、資、足　　　[dzi] 的
<用例>　○皿子撻馬 (みづたま、水玉、水晶)　○ (匹) 舎蛮 (資) 之 (ひざまづき、跪)　○民足 (みづ、水)　○慢的 (まづ、先づ)

《音字》(1572 頃) と《蕭使》(1579) とは、音訳字の全てが《郭使》と同一である。用例等を省略する。

《碑文 (浦城)》(1597)
　《翻訳》《琉館》等に準じた音価推定が可能と考え、*/de, da, do/に対応する子音は [d]、*/di/と*/du/とに対応する子音は [ȡ][ʥ] であったとする。

第2章　「きやうづか」（経塚）が「ちょうじか」になるまで

＜用例＞　○ミづのふかさあるけに（水の深さあるげに）

《夏使》（1606）
　＊/du/に対応する部分に「子、資、足、的」が現れる。

　　＜《夏使》の＊/du/に対応する音訳字とその音価＞
　　［dzɯ］子、資、足　　　［dzi］的
＜用例＞　○皿子撻馬（みづたま、水玉、水晶）　○匹舎蜜資之（ひざまづき、跪）
　○民足（みづ、水）　○慢的（まづ、慢走）

《おも2》（1613）
　「いちみさうす（泉清水）」の例があるが、これは＊/di/の破擦音化を示すと同時に、＊/du/と＊/di/との共通性、更には＊/zu/との似通いを如実に示したものとなっている。
　「いづみ（泉）〜」。「そうづ（添水、僧都）」
　「てかねまる（治金丸）」は、本来「ぢがねまる」のはずで、「ぢ」であるべきところが「で」で表記されていることになる。＊/di/と/de/が同音になっていたということか。
＜用例＞　○つゝみ（鼓）　○おれつむ＜旧三月＞

《おも3》（1623）
　「なりすつは（鳴り鈴は）」「いちみ（泉）」「たまちな（玉綱）」等の例があるが、これらは、＊/di/＊/du/及び＊/zu/の似通いを示唆している。
＜用例＞　○みつ（水）　○すでみづ（孵で水）　○つゝみの（鼓の）　○きみてづり（君手摩り）＜祭式の名＞　○あたにやのいちみさうす（安谷屋の泉清水）　○あまみたまちな（あまみ玉綱）

《仲里》（1703頃）
＜用例＞　○よしみづな（よしみ綱）　○いづみこおり（泉冷、冷たき泉）

《混験》（1711）
　次の例は、＊/di/と＊/zi/＊/du/とが、＊/du/と＊/zu/とが、それぞれ同音であることを示していることになる。つまりは、＊/di/＊/du/＊/zi/＊/zu/が同音であるらしいことを物語っていることになる。
　　　○とぢ：とじ（刀自、女房）　　○まぢよく（真強く、まづよく）
　　　○みすずひ（御硯）：みすづり（神託）
　　　○づれが（何れか）：ずま（何方）
＜用例＞　○づれが（何れか）　○あけづ（蜻蛉）　○しまたつな（島手綱）　○つらづき（面着き）　○はづむ（弾む）　○めつらしや（珍しいや）　○ゆづくひ（夕付日）　○わかみづ（若水）

第 2 章　「きやうづか」(経塚)が「ちょうじか」になるまで

《琉由》(1713)
<用例>　○アカフヅカサ　○イベヅカサ　○オレヅミ　○葛カヅラ　○下フヅキノ殿
　○ネヅミ　○ミスヅレ　○メヅラ

《中信》(1721)
　音訳字の「古事書類の音」によって、*/du/の破擦音化を知ることができる。
　*/du/に対応する部分に「子、的」が現れる。

　<《中信》の*/du/に対応する音訳字とその音価>
　[dzi] 子、的
<用例>　○関子(みづ、水)　○慢的(まづ)

《琉見》(1764)
　音訳字の「古事書類の音」によって、*/du/の破擦音化を知ることができる。
　*/du/に対応する部分に「子、吉」が現れる。

　<《琉見》の*/du/に対応する音訳字とその音価>
　[dzi] 子、吉
<用例>　○梅子利(みづいれ、水入れ)　○媚吉(みづ、水)

《琉訳》(1800頃)
　音訳字の「古事書類の音」によって、*/du/の破擦音化を知ることができる。
　*/du/に対応する部分に「子、即、之、日、竹、宗」等が現れる。
　代表的なものについて「古辞書類の音」を示す。

　<《琉訳》の*/du/に対応する音訳字とその音価>
　[dzi] 子

　上記以外の、主な音訳字の『華英辞典』における音を以下に示す。
　　　　即 chi、之 chï
<用例>　○血子答麻(みづたま、水玉、水晶)<水晶>　○一喀即及(いかづち、雷)<靈
　靂>　○米即(みづ、水)<水>　○僻那麻之記(ひざまづき、跪き)<跪>　○午日奴(つづ
　る、綴る)<衲>　○答竹你禄(たづねる、尋ねる)<尋>　○一宗雑及(いづみざき、泉崎)
　<泉崎>

《漂録》(1818)
　*/du/に対応する例が一つあり(mi-cwi　みづ、水)、ハングル「ㅈ」(c)で表記され
ている。現代語との対応から有声音であると見なす。<ハングルの「ㅈ」は母音間(及

第2章　「きやうづか」（経塚）が「ちょうじか」になるまで

びこれに準じる環境）で有声音になることも考慮されている。19世紀初めには、口蓋化し[dʑ]となっていた。＞　音価は[dʑ]であったと考えられる。

＊/de, da, do/はハングル「ㄷ」(t)で表記される。これも現代語との対応、ハングル「ㄷ」の母音間での有声化現象から、有声音[d]を表示したものと見なされる。
＜用例＞　○mi-cɯi（みづ、水）

《クリ》（1818）
＊/du/相当部分に「zee」「see」等が対応する。[dzi]か[dʑi]である。
＜用例＞　○meezee（みづ、水）　○meesee（みづ、水）

《官話》（19世紀?）
＊/du/相当部分に「ズ」が現れる。＊/di/に準じることになる。
＜用例＞　○ツヨラズラ（きよらづら、清ら面）　○カタズラ（かたづら、固面?）
　　　○ミソズケ（みそづけ、味噌漬け）
　　　　（参考）○ヒズ（ひぢ、肘）　○ズマアメ（ぢまめ、地豆）　○ヒキズ（ひつじ、羊）
　　　　　　○モヅ（むぎ、麦）　○ムジ（むぎ、麦）

《沖話》（1880）
＊/du/相当部分に「ヅ zi」が対応する。破擦音化し、母音も変化して[dzi]として実現している。但し、「zu」の例あり。

＜用例＞　○アヅチ azitsi（あづき、小豆）　○ウヅラ uzira（うづら、鶉）　○サカヅチ sakazichi（さかづき、盃）　○ツヾン tsizin（つづみ、鼓）　○マヅ Mazi（まづ、先づ）　○ミヅ mizi（みづ、水）；　○イヅン izun（いづみ、泉）　○イヅミヤー Izumiyā（いづみや、和泉屋）

《チェン》（1895）
＊/du/相当部分にアルファベットの「zi」が対応する。[dzi]である。
＜用例＞　○Mazi（まづ、先づ）　○mizi（みづ、水）　○mizirashī（めづらしい、珍しい）

《沖辞》（1963）
＊/du/は破擦音化し、母音まで変化して[dzi]となっている。但し、[dʑi]で対応する「うづら（鶉）」「つづみ（鼓）」「まづ（先づ）」の例がある。更に、[dʑu]に対応する「いづみ（泉）」もある。
　[dzi]から[dʑi]に移行しようとしている過程を見せている。つまり、更に「口蓋化」

第 2 章　「きやうづか」(経塚) が「ちょうじか」になるまで

したということである。先に、「口蓋化」と「破擦音化」は区別されるべきであると述べたことが想起されよう。(→p.7)
<用例>　○sakazici (さかづき、盃)　○mizi (みづ、水)；　○ʔuzira (うづら、鶉)　○çiziɴ (つづみ、鼓)　○mazi (まづ、先づ)；　○ʔizuɴ (いづみ、泉)

現代語 (1970 年代)
　*/du/は破擦音化し、母音まで変化して[dʑi]となっている。但し、[dʑɯ]で対応する「いづみ (泉)」の例がある。
<用例>　○ʔadʑiʃi (あづき、小豆)　○ʔudʑira (うづら、鶉)　○sakadʑiʃi (さかづき、盃)　○ʧidʑiɴ (つづみ、鼓)　○madʑi (まづ、先づ)　○midʑi (みづ、水)
　　　但し、○ʔidʑuɴ (いづみ、泉) の例あり。

　以上のように、*/du/は、15 世紀以前が/du/[du]、16 世紀～17 世紀前半が/zü/[dzɯ]、17 世紀半ば～17 世紀終りが/zï/[dzï]、18 世紀初め～20 世紀初めが/zi/[dzi]、20 世紀半ば～現代が/zji/[dʑi]ということを見てきた。
　これまで見てきた、*/ki/、*/-au/、*/du/それぞれの変化についてまとめを行なうと次のようになる。
<*/ki/の変化>　*/ki/は、16 世紀終わりあたりからその兆候を示し、17 世紀の初めごろ破擦音化して/cji/[ʧi]となっていた。
<*/-au/の変化>　*/-au/は、16 世紀初めあたりから長音/oo/となり (資料によっては共存状態にあり)、19 世紀には完全に長音化する。更に、19 世紀終わりあたりから/uu/になる例も出てくる。
<*/du/の変化>　*/du/は、15 世紀以前が/du/[du]、16 世紀～17 世紀前半が/zü/[dzɯ]、17 世紀半ば～17 世紀終りが/zï/[dzï]、18 世紀初め～20 世紀初めが/zi/[dzi]、20 世紀半ば～現代が/zji/[dʑi]ということになる。

　かくして、「きやうづか」は、次のように変化してきたことがわかる。
　変化の激しい*/du/の変化した時期を節目として活用し、流れを見ることとする。

<「きやうづか」(経塚) の変化>
　(15 世紀以前)　　　　　　　*/kijauduka/[kijauduka]
　　　　　　　　　　　　　　　　↓
　(16 世紀～17 世紀前半)　　/cijoozüka/[ʧijoːdzɯka]
　　　　　　　　　　　　　　　　↓
　(17 世紀半ば～17 世紀終り)　/cjoozïka/[ʧoːdzïka]
　　　　　　　　　　　　　　　　↓
　(18 世紀初め～20 世紀初め)　/cjoozika/[ʧoːdzika]
　　　　　　　　　　　　　　　　↓
　(20 世紀半ば～現代)　　　　/cjoozjika/[ʧoːdʑika]

第3章 「ぜりかく」(勢理客)が「じっちゃく」になるまで
(促音化)(口蓋化、破擦音化)

　「勢理客」は、「せりかく」の形で『おもろさうし』に登場する。『おもろさうし』では、濁点が付されていたり、そうでなかったりして、統一が取れていないところがあるが、現代語の「じっちゃく」との対応から考えて「ぜりかく」であることは疑問を容れない。また、『琉球国由来記』(1713)には「ゼリカク」とある。
　それを、昨今「せりきゃく」としているのは、(沖縄の地名であることを忘れ)「勢」の字だけを見た、方向を間違えた(「大和風の」?)読み方だと言えるであろう。
　文字の上では、「ぜ」が「じ」に、「り」が「っ」に、「かく」が「ちゃく」に、それぞれ変化したように見える。確かにそのような面もあるが、よくよく観察すると、「かく」が「ちゃく」になったのではなく、前の「り」の母音/-i/が後続の「か」を口蓋化し、さらにそれが破擦音化して「ちゃ」になったのであって、「く」は変化していないことがわかる。
　よって、*/ze/「ぜ」の変化、*/ri/「り」の変化(促音化)、*/-ika/「-iか」の変化(口蓋化、破擦音化)を跡付ければ、「ぜりかく」の変化過程を提示したことになる。

1) */ze/ (ぜ)の変化

　/ze/については、「短母音の変化」も考慮しなければいけないが、それは第4章で詳しく扱うことにして、ここでは/ze/そのものの変化を考えることにする。
　*/ze/は、16世紀前半までは/zĭ/[dzĭ][dzɪ]であった可能性が高く、その後多少の揺れを見せながら/zi/[dzi]に転じた。これが、19世紀終りごろまで続き、さらに/zji/[ʑi]となり現代に到る。
　流れは、以下の表のようになる。

<表8>　*/ze/ (ぜ)の変化

15世紀以前	翻訳 1501	碑文 玉殿 1501	琉館 16c半	碑文 石東 1522	碑文 石西 1522	田名1 1523	碑文 崇寺 1527	おも1 1531	陳使 1534
ze	zĭ	zĭ	zi	zi	zi	zi	zi	zi	zi

田名2 1536	田名3 1537	田名4 1541	碑文 かた 1543	田名5 1545	碑文 添門 1546	田名6 1551	碑文 やら 1554	田名7 1560	郭使 1561
zi	zi	zi	zi	zi	zi	zi	zi	zi	zi

田名8 1562	田名9 1563	音字 1572頃	蕭使 1579	田名10 1593	碑文 浦城 1597	田名11 1606	夏使 1606	おも2 1613	碑文 よう 1620
zi	zi	zi	zi	zi	zi	zi	zi	zi	zi

第3章 「ぜりかく」(勢理客) が「じっちゃく」になるまで

おも3	碑文本山	田名12	田名13	田名14	田名15	田名16	仲里	混験	琉由
1623	1624	1627	1628	1631	1634	1660	1703頃	1711	1713
zi	zi	zi	zi	zi	zi	zi	zi	zi	zi

中信	琉見	琉訳	漂録	クリ	官話	沖話	チェン	沖辞	現代語
1721	1764	1800頃	1818	1818	19c?	1880	1895	1963	1970代
zi	zi	zi	zi	zi	zi	zi	zi	zji	zji

/ze/=[dze]　/zï/=[dzï]　/zi/=[dzi]　/zji/=[ʥi]

以下、具体的に見ていこう。

《翻訳》(1501)

/ze/に対応する例は、「khan・cɯi (かぜ、風)」しか存在しない。ハングルの「c」で表記されている。「ぜ」に対応する「cɯi」は [ʥe] か [ʥɪ]、あるいは [ʥɪ] を表わしていよう。これは、母音/e/が/i/に変化する過程での現象を写し取ったとも言えよう。(短母音の変化については、第4章で詳しく述べる。)

《碑文 (玉殿)》(1501)

表記の上からは、*/zi/と*/ze/との区別があるように見受けられる。しかし、「みやきせんのあんし (今帰仁の按司)」という例がある。「今帰仁」の「仁」の音が「じん」であるとすれば、「じ」と「ぜ」とが同じ音になっていた例になるが、これだけでは軽々に断定するわけにはいかない。

音価に関しては、《翻訳》に準じるとしておく。

《琉館》(16C前半？)

音価に関しては、《翻訳》に準じると見ることができる。

*/ze/に対応する部分に「支、集」が現れる。

<《琉館》の*/ze/に対応する音訳字とその音価>

[ʥɪ] 支、集

<用例> ○支尼 (ぜに、銭)　○嘁集 (かぜ、風)

《碑文 (石西)》(1522)

音価に関しては、《翻訳》《琉館》に準じる。

<用例> ○世の御さうせのために (世の御思想のために)

《おも1》(1531)

音価に関しては、《翻訳》《琉館》に準じる。

<用例> ○ぜるまゝ<火の神>　○御さうせ<御考え>(御思想)　○世のさうぜ (世の思想)

第3章 「ぜりかく」（勢理客）が「じっちゃく」になるまで

《陳使》（1534）
　音価に関しては、《翻訳》《琉館》に準じると見ることができる。
　*/ze/に対応する部分に「支、済、熱」が現れる。
　＜《陳使》の*/ze/に対応する音訳字とその音価＞
　　（代表例）　［ʤi］熱
＜用例＞　○熱尼（ぜに、銭）

《碑文（添門）》（1546）
　音価に関しては、《翻訳》《琉館》に準じるであろう。
＜用例＞　○御さうせめしよわちへ（御思想召しよわちへ）

《碑文（やら）》（1554）
　音価に関しては、《翻訳》《琉館》に準じるものとする。
＜用例＞　○御世のおさうせ（御世の御思想）

《郭使》（1561）
　音価に関しては、《翻訳》《琉館》に準じると判断することができる。
　*/ze/に対応する部分に「済、支、惹」が現れる。
　＜《郭使》の*/ze/に対応する音訳字とその音価＞
　　［ʤi］済、支、惹
＜用例＞　○嗑済（かぜ、風）　○支尼（ぜに、銭）　○惹尼（ぜに、銭）

《音字》（1572頃）
　出現する項目の順序は多少違うものの、音訳字、用例ともに《郭使》と同じである。音価に関しては、《翻訳》《琉館》に準じると見る。
　*/ze/に対応する部分に「済、支、惹」が現れる。
　＜《音字》の*/ze/に対応する音訳字とその音価＞
　　［ʤi］済、支、惹
＜用例＞　○嗑済（かぜ、風）　○支尼（ぜに、銭）　○惹尼（ぜに、銭）

《蕭使》（1579）
　出現する項目の順序は多少違うものの、音訳字、用例ともに《郭使》、《音字》と同じである。
　音価に関しては、《翻訳》《琉館》に準じると考える。
　*/ze/に対応する部分に「支、惹、済」が現れる。
　＜《蕭使》の*/ze/に対応する音訳字とその音価＞
　　［ʤi］支、惹、済
＜用例＞　○支尼（ぜに、銭）　○惹尼（ぜに、銭）　○嗑済（かぜ、風）

第3章　「ぜりかく」（勢理客）が「じっちゃく」になるまで

《碑文（浦城）》(1597)
　音価に関しては、《翻訳》《琉館》に準じると見ることができる。
＜用例＞　○御さう<u>せ</u>めしよはちへ（御思想召しよはちへ）

《夏使》(1606)
　出現する項目の順序は多少違うものの、音訳字、用例ともに《郭使》、《音字》、《蕭使》と同じである。
　　*/ze/に対応する部分に「支、惹、済」が現れる。
　　＜《夏使》の*/ze/に対応する音訳字とその音価＞
　　[ʥi]支、惹、済
＜用例＞　○支尼（ぜに、銭）　　○惹尼（ぜに、銭）　　○嘘済（かぜ、風）

《碑文（よう）》(1620)
　音価は[ʥi]であろう。
＜用例＞　○御さう<u>せ</u>めしよわちへ（御思想召しよわちへ）

《おも3》(1623)
　「かせ・かぜ（風）」であって、「かし・かじ・かち・かぢ」は存在しない。但し、「－かす（風）」「－かず（風）」「かすのねも（風の根も）」はある。これだと「ぜ」と「ず」は同音ということになる。「すつ（鈴）」もあるから、「ず」と「づ」も同音の可能性が出てくる。（「みつ（水）」はあるが、「みす」は、ない。）
　「－てす」が「－て<u>ぞ</u>」の変化の結果だとすれば、「ず」と「ぞ」は同音になる。以上を纏めると、「ぜ・ず・ぞ・づ」は同音であったかということになる。
＜用例＞　○<u>せ</u>にこかね（銭金）　○<u>ぜ</u>にこかね（銭金）　○か<u>せ</u>（風）　○か<u>ぜ</u>（風）
　　○さう<u>せ</u>＜考え、思慮＞　○<u>せ</u>りかく（勢理客）

（*/zu/対応の例）　　○か<u>す</u>よ（数よ）　　○しら<u>す</u>（知らず）　　○<u>す</u>つなり（鈴鳴り）

《仲里》(1703頃)
　次の例によれば、*/zi/*/ze/*/zu/が同音である可能性が高い。音価は [ʥi] か。
　他は、漢字資料のそれに準じる。但し、*/zi/も同じ音価かということには少なからぬ疑問が残る。
　　○糸か<u>じ</u>（いとかぢ、糸舵）　○ま<u>ぜ</u>ない（まじなひ、呪ひ）　○夜す<u>ず</u>め（よし<u>じ</u>め、夜静寂）
＜用例＞　○あ<u>ぜ</u>ら（畦）　○こもこ<u>ぜ</u>（雲子瀬）　○かな<u>ぜ</u>い（金礎）

（*/zi/対応の例）　　○あん<u>じ</u>おそい（按司襲い）　　○おと<u>じ</u>や（弟者）　　○まひつ<u>じ</u>（真未）

第3章 「ぜりかく」(勢理客) が「じっちゃく」になるまで

(*/zu/対応の例)　○いしすい (いしずゑ、礎)　○おもずらちへ (おもずらちへ、面ずらちへ)　○よりずらちへ (よりずらちへ、寄りずらちへ)

《混験》(1711)

次の例によれば、*/zi/*/ze/*/zu/*/di/*/du/が同音である可能性が高い。音価は[ɖi]か。但し、*/zi/も同じ音価かということには少なからぬ疑問が残る。

○しじよき (しりぞき、退き)　○ずずすや (じゆずすや、数珠擦?) <但し、「ずず」もあり>

○きじやりきじやり (位階段々):きぢやりきぢやり (段々)　○とじ (女房、刀自):うゐとぢ (初婦)

○みすずひ (御硯):みすづり (神託)

<用例>　○さんぜんざう (常住不断)

《琉由》(1713)

《仲里》と同様に、次の例によれば、*/zi/*/ze/*/zu/が同音である可能性が高い。音価は[ɖi]か。但し、《混験》と同様、*/zi/も同じ音価かということには少なからぬ疑問が残る。

他は、漢字資料のそれに準じる。

○セジアラノ嶽　○セヂアラ嶽　○離君アルズ (離君主)

<用例>　○ゼリカクノ殿　○(奥ノ) クハゼ嶽　○シコゼ御嶽　○ミセゼル　○ヲモヒ真ゼニガネガ御物

《中信》(1721)

音訳字の「古事書類の音」から推定すると、*/ze/の音価は[ɖi]である。

*/ze/に対応する部分に「支、層」等が現れる。

<《中信》の*/ze/に対応する音訳字とその音価>

[ɖi]支　　[ɖiN]層 (ぜに)

<用例>　○支臓 (ぜに、銭)　○層 (ぜに、銭)

《琉見》(1764)

《中信》と同じように、音訳字の「古事書類の音」から推定すると、*/ze/の音価は[ɖi]である。

*/ze/に対応する部分に「子、井」等が現れる。

<《琉見》の*/ze/に対応する音訳字とその音価>

[ɖi]子　　[ɖiN]井 (ぜに)

<用例>　○哈子 (かぜ、風)　○井 (ぜに、銭)

第3章　「ぜりかく」(勢理客)が「じっちゃく」になるまで

《琉訳》(1800頃)
　《中信》《琉見》と同様に、音訳字の「古事書類の音」から推定すると、*/ze/の音価は[ʥi]である。
　*/ze/に対応する部分に「支、即、日、及」等が現れる。
　代表例について「古辞書類の音」を示す。
　　　[ʥi]支

　上記以外の、主な音訳字の『華英辞典』における音を以下に示す。
　　　即 chi、日 jï、及 chi
<用例>　○支你 (ぜに、銭) <鈔>　○喀即 (かぜ、風) <風>　○旦甲骨 (ぜりかく、勢理客) <勢理客>　○一及及 (ゐぜき、井堰) <堋>

《漂録》(1818)
　ハングル「ㅈ」(c)は、このころ口蓋化して[tʃ]となっており([ts]→[tʃ]。破擦音の口蓋化)、母音間(及びこれに準じる環境)で有声音となるから、[ʥ]を示していることになる。「かぜ」の例では、綴字脱落の可能性がある。母音も[i]ではなく、[e]と[i]との中間音的な[ï]を示しているようである。
<用例>　○kan-'ɯi (かぜ、風)

《クリ》(1818)
　/zi/相当部分に「jee」が対応し、/ze/相当部分に「zee」(「see」)が対応する用例があるので、これからすると、*/zi/が[ʥi]で、*/ze/が[ʥi](更に、*/zu/も[ʥi])であったと即断したくなるが、*/zu/相当部分に「jee」「ji」が対応する例があり、判断に慎重さを要求される。これについては、次の《沖話》(1880)のところで述べる。
<用例>　○jee (じ、字)　○katchee yanjee (かきやんじ、書き損じ)　○kazzee (かぜ、風)　○kassee (かぜ、風)；　○jeeshee (ずし、厨子)　○chacheejing (けしずみ、消し炭)

《沖話》(1880)
　*/zi/相当部分に「ジ ji」が対応する。
　*/ze/相当部分に「ジ zi」「ヂ zi」が対応する。
*/ze/に対応する「zi」には疑問が残るが、資料を重んじてこのままにしておく。
　(もとの『沖縄対話』では、「風」は「カズ」となっている。『琉球語便覧』に収載する際に「カヂ」に変えたようである。)

仮名表記の「ジ」と「ヂ」とが示唆を与えてくれそうである。前記の《クリ》(1818)でもそうであったように、これは「揺れ」を示しているのではないか。*/ze/(及び*/zu/)が[ʥi]から[ʥi]に変わり始めていたことを物語っているのではないか。

第3章 「ぜりかく」(勢理客)が「じっちゃく」になるまで

仮名資料、漢字資料において、*/zi/*/ze/*/zu/の区別がないような様相を呈していたのも、この「揺れ」の一種か。

(*/zi/対応の例) ○ジツカン jikkan (じつかん、十干)　○ジブノー jibunō (じぶんハ、時分ハ)　○クジ kuji (くじ、九時)　○ヌージ nūji (にじ、虹)　○ヒツジ fitsiji (ひつじ、未)

(*/ze/対応の例) ○ジン zin (ぜん、膳)　○カヂ kazi (かぜ、風)

(*/zu/対応の例) ○スヾリ siziri (すずり、硯)　○ボウズ bōzi (ばうず、坊主、僧)　○ハヅ fazi (はず、筈)　○ミヽズ mimizi (みみず、蚯蚓)

《チェン》(1895)

　*/zi/相当部分に「ji」が対応する。
　*/ze/相当部分に「zi」が対応する。
この資料の限りにおいては、*/zi/の[ʥi]と*/ze/*/zu/の[dzi]とが対立していて、《沖話》と軌を一にしている。

(*/zi/対応の例) ○ji-bung (じぶん、時分)　○Kujima (こじま、小島)　○Tsīji (つじ、辻)　○hajimiti (はじめて、初めて)
(*/ze/対応の例) ○zin-zing (ぜんぜん、漸漸)　○kazi (かぜ、風)
(*/zu/対応の例) ○Kannazi (かならず、必ず)　○hazi (はず、筈)

《沖辞》(1963)

　/zi/と/ze/とが、同音になっている。「zi」という表記は[ʥi]を示している。
　*/zu/に対応するものには、「zi」と「zi」との両方が存在するが、後者の例が多い。「zi」は[dzi]を示すが、それが[ʥi]に変化した例が多いということを示していることになる。

(*/zi/対応の例) ○zibuɴ (じぶん、時分)　○ziihwici (じひき、字引)　○ṣizi (すじ、筋)　○hazimiti (はじめて、初めて)　○ziçi (じつ、実)　○kuzi (くじ、籤)　○nuuzi (にじ、虹)　○hwiçizi (ひつじ、未)
(*/ze/対応の例) ○ʔuziɴ (おぜん、御膳)　○kazi (かぜ、風)　○zihwi (ぜひ、是非)　○ziɴ (ぜに、銭)
(*/zu/対応の例) ○boozi (ばうず、坊主、僧)　○ṣiziri (すずり、硯)　○hazi (はず、筈)　○mimizi (みみず、蚯蚓)

現代語(1970年代)

　/zi/と/ze/とが、同音になっている。[ʥi]である。ついでに言えば、*/zu/も[ʥi]である。つまり、*/zi/と*/ze/と*/zu/とが共に[ʥi]となっている。

(*/zi/対応の例) ○ʥibuɴ (じぶん、時分)　○kuːʥima (こじま、小島)　○ʃiːʥi (つ

第3章 「ぜりかく」(勢理客)が「じっちゃく」になるまで

じ、辻)　○haʥimiti (はじめて、初めて)　○kuʥi (くじ、九時)
○çiʃiʥi (ひつじ、未)

(*/ze/対応の例) ○ʔuʥiN (おぜん、御膳)　○kaʥi (かぜ、風)　○ʥiçi (ぜひ、是非)
○ʥiN (ぜに、銭)

(*/zu/対応の例) ○boːʥi (ばうず、坊主、僧)　○ʃiʥiri (すずり、硯)　○haʥi (はず、筈)　○mimiʥi (みみず、蚯蚓)

2）*／ｒｉ／「り」の変化

*/ri/ [ri] は、通常、変化して/'i/ [ji] となるのであるが、「促音」/Q/に対応しているように見える場合もある。

例えば、《チェン》(1895)に「kitchi」という用例がある。これは「けりて、蹴りて」で、「けって、蹴って」に対応するもので、「り」が変化して「促音」になったように見える。「じっちゃく」(ぜりかく、勢理客)も同様である。

その前に、少し横道にそれる感じもあるが、沖縄語の変化の一環として、一般的な*/ri/から/'i/への変化過程について資料で確認しておく必要があろう。

*/ri/は、/ri/[ri]であったが、18世紀に入って/'i/[ji]に変化した。但し、/ri/[ri]のままの例もある。　<例>/sizjiri/[ʃiʥiri] (すずり、硯)

/ri/と/'i/との共存状態と捉え、表では、それを「(r)i」のように表示した。

<表9> *／ｒｉ／「り」の変化

15世紀以前	翻訳	碑文 玉殿	琉館	碑文 石東	碑文 石西	田名1	碑文 崇寺	おも1	陳使
	1501	1501	16c半	1522	1522	1523	1527	1531	1534
ri	ri	ri	ri	ri	ri	ri	ri	ri	ri

田名2	田名3	田名4	碑文 かた	田名5	碑文 添門	田名6	碑文 やら	田名7	郭使
1536	1537	1541	1543	1545	1546	1551	1554	1560	1561
ri	ri	ri	ri	ri	ri	ri	ri	ri	ri

田名8	田名9	音字	蕭使	田名10	碑文 浦城	田名11	夏使	おも2	碑文 よう
1562	1563	1572頃	1579	1593	1597	1606	1606	1613	1620
ri	ri	ri	ri	ri	ri	ri	ri	ri	ri

おも3	碑文 本山	田名12	田名13	田名14	田名15	田名16	仲里	混験	琉由
1623	1624	1627	1628	1631	1634	1660	1703頃	1711	1713
ri	ri	ri	ri	ri	ri	ri	(r)i	(r)i	(r)i

第3章 「ぜりかく」(勢理客)が「じっちゃく」になるまで

中信	琉見	琉訳	漂録	クリ	官話	沖話	チェン	沖辞	現代語
1721	1764	1800頃	1818	1818	19c?	1880	1895	1963	1970代
(r)i	(r)i	(r)i	(r)i	(r)i	(r)i	(r)i	(r)i	(r)i	(r)i

　以下、用例を見ていくのであるが、いちいち述べるのでは機械的羅列になってしまうので、それを避け、流れの節目節目で確認する意味で、1500年前後・1600年前後・1700年前後・1800年前後・1900年前後・20世紀の用例を中心に提示することにしよう。

<*/ri/の用例通覧>

<1500年前後>
《翻訳》(1501)
<用例>　○'a・ri (あり、有り、在り)　○phu・ri (ふり、降り、下(雪))
　○sʌ・cʌ・ri (すずり、硯)

《碑文 (玉殿)》(1501)
<用例>　○くもことまりに(雲子泊に)　○しよりの御ミ事(首里の御み事)

《琉館》(16C前半?)
　*/ri/に対応する部分に「立、尼」等が現れる。
　<《琉館》の*/ri/に対応する音訳字とその音価>
　[ri]立、尼 (r-n交代の例)
<用例>　○阿立 (あり、有り)　○分達立 (ひだり、左)　○加尼 ((あ)がり、上がり、東)

《おも1》(1531)
　*/ri/が/'i/[ji]に対応する例がある。「よいつき(依り憑き)」がそれで、「よりおれて(依り降れて)」と対照できる。これは、16世紀の半ばに「り→い」の変化が起こったという資料にはならず、1710年7月再編で、当時の言語状況を反映して(「ーり」を)「ーい」としてしまった可能性が高いと考えられるものである。
<用例>　○あおりや(煽りや)　○あり(有り)　○いきやり(行きやり)　○いしゑけり<勝れ兄弟>　○いせゑけり<勝れ兄弟>　○いべのいのり(威部の祈り)　○さんこおり(三庫裡)　○しまじりの(島尻の)　○しよりもり(首里杜)

<1600年前後>
《蕭使》(1579)
　*/ri/に対応する部分に「利、里、立、領、力、地、尼」等が現れる。

47

第3章 「ぜりかく」(勢理客)が「じっちゃく」になるまで

<用例> ○吾利(うり、瓜) ○分達里(ひだり、左) ○牙立(やり、鑓) ○員領(えり、襟) ○活各力(ほこり、埃) ○土地(とり、鶏) ○加尼尼失((あ)がりにし、東西)

《田名10》(1593)
<用例> ○しよりより(首里より) ○こおり(郡) ○たまわり申候(賜り申候)

《碑文(浦城)》(1597)
<用例> ○りうきうちうさんわう(琉球中山王) ○千りやうの金よりも(千両の金よりも) ○御やわい事あり ○おりあけわちへ ○きほくひり(儀保小坂) ○うらおそひよりしよりに(裏襲ひより首里に) ○おほこりめしよハちゑ(御慶り召しよはちへ) ○まきり(間切)

《田名11》(1606)
<用例> ○こおり(郡) ○しよりより(首里より) ○たまわり申候

《夏使》(1606)
*/ri/に対応する部分に「利、里、立、領、力、地、尼」等が現れる。
<用例> ○吾利(うり、瓜) ○分達里(ひだり、左) ○牙立(やり、鑓) ○員領(えり、襟) ○氣力(きり、霧) ○土地(とり、鶏) ○加尼尼失((あ)がりにし、東西)

《おも2》(1613)
<用例> ○あかるもりくすく(上がる杜城) ○しやり(し遣り) ○ほつむもり(ほつむ杜)

《碑文(よう)》(1620)
<用例> ○りうきう国(琉球国) ○てりあかりめしよわちやこと(照り上がり召しよわちやこと) ○しよりより(首里より) ○まきり(間切)

<1770年前後>
《仲里》(1703頃)
*/ri/が[ji]に変化した例がある。
　　　　○よひ立(よりたち、寄り立ち)
<用例> ○おしあがり(押し上がり) ○つきおりて(憑き降りて) ○かなもり(金杜)

第3章 「ぜりかく」(勢理客)が「じっちゃく」になるまで

《混験》(1711)

/'i/ [ji]に変わる前の*/ri/の名残を留めていると思われる例がある。「しぶ<u>り</u>(冬瓜)」の例がある。「しぶ<u>い</u>」もある。

さらに興味深いものとして、「みすす<u>ひ</u>(御硯)」の例がある。現代(沖縄)語でも[ʃiɕiri]で、*/ri/→[ri]のまま推移したと思われる「すずり」に「*/ri/→'i/[ji]」の時期があったことを示す例となろう。

<用例> ○うらまは<u>り</u>(浦回り)　○おきれと<u>り</u>(火取り)　○おまか<u>り</u>(御椀)　○さく<u>り</u>(探り)　○しぶ<u>り</u>(冬瓜)　○の<u>り</u>(絹粥)　○みやと<u>り</u>(鶏)　○を<u>り</u>(居り)

《琉由》(1713)

<用例> ○<u>リ</u>ウキン御イベ　○アザカ冠<u>リ</u>　○アフ<u>リ</u>ノハナ　○アヲ<u>リ</u>岳　○神ガカ<u>リ</u>　○キ<u>リ</u>ン　○ク<u>リ</u>舟　○コネ<u>リ</u>御唄　○サウ<u>リ</u>　○トマ<u>リ</u>ノトノ　○ニギ<u>リ</u>飯　○穂マツ<u>リ</u>　○水ハ<u>リ</u>　○モ<u>リ</u>ノヒラ嶽　○ヨ<u>リ</u>アゲ森

《中信》(1721)

*/ri/が/'i/ [ji]に変化した例がある。

　　○烏<u>胎</u>(うり、瓜)　○法介<u>依</u>(はかり、秤)　○麥介<u>衣</u>(まかり、碗)
　　○馬<u>一</u>(まり、鞠)
　　　但し、○思子<u>里</u>(すずり、硯)

*/ri/に対応する部分に「胎、依、衣、一、尼、利、里、立、力」等が現れる。

<用例> ○烏<u>胎</u>(うり、瓜)　○法介<u>依</u>(はかり、秤)　○麥介<u>衣</u>(まかり、碗)　○馬<u>一</u>(まり、鞠);　○加<u>尼</u>尼失((あ)がりにし、上り西)　○<u>利</u>(り、里)　○思子<u>里</u>(すずり、硯)　○牙<u>立</u>(やり、槍)　○気<u>力</u>(きり、霧)

<1800年前後>

《琉訳》(1800頃)

*/ri/が/'i/ [ji]に変化した例がある。

　　○阿<u>一</u>(あり、蟻)<蛾蟻>　○土馬<u>伊</u>(とまり、泊)<泊>
　　○麥介<u>衣</u>(まかり、碗)<碗>

*/ri/に対応する部分に「力、利、禮、留、一、伊、衣、以、委、乃、買、賣」等が現れる。(<>内は、対応している「中国語」。以下、同じ。)

<用例> ○<u>力</u>喀(りつか、立夏)<立夏>　○嗑茶<u>利</u>(かたり、語り)<説話>　○那感打喀<u>禮</u>(なかむらかり、仲村渠)<中村渠>　○<u>留</u>(りう、流)<流>;　○阿<u>一</u>(あり、蟻)<蛾蟻>　○土馬<u>伊</u>(とまり、泊)<泊>　○麥介<u>衣</u>(まかり、碗)<碗>　○兎胡<u>以</u>(まんぢゆううり、饅頭瓜、パパイヤ)<東瓜>　○<u>委</u>(うり、瓜)<瓜>　○木木拏<u>乃</u>(もものなり、桃の成り、桃の実)<桃>　○獨<u>買</u>木納(とまりむら、泊村)<泊村>　○<u>賣</u>(まり、毬)<毬>

第3章 「ぜりかく」(勢理客)が「じっちゃく」になるまで

好都合なことに、「日甲骨(ぜりかく、勢理客)＜勢理客＞」の例が存在する。

図3　《琉訳》の「ぜりかく」

これについて、音訳字の吟味をする。合わせて、「-ika」の部分についても考える。

音訳字	中原音韻	朴通事諺解	老乞大諺解	華英辞典	推定音価
ぜ　日	rɪəi	zi, ziʔ	zi, ziʔ	jï	ʥi
(り)か　甲	kia	☆	☆	☆	ʧa

音訳字「甲」に対する古辞書の音が『中原音韻』のそれしか得られないのは残念であるが、『中原音韻』の段階で「kia」であって口蓋化していると考えられるから、この資料の時期においては破擦音化していたと推測できる。よって、音訳字「日甲」の推定音価は[ʥiʧa]であろう。「ぜりか-」は[ʥiʧa-]となっていたと推定される。

《漂録》(1818)
<用例>　○tu・ri (とり、鶏)　○san・sir・'i (さんしり、山尻)

《クリ》(1818)
/ri/[ri]と/'i/[ji]とが並存する。
<用例>　○ooritee (おりて、降りて)　○chirreedeh (きりだい、切台、蓮台)；
　○tooee (とり、鳥)　○naee (なり、成り、実)　○neebooee (ねぶり、眠り)
　○hayee (はり、針)　○onigh (をなり、姉妹)

<1900年前後>
《沖話》(1880)
/ri/[ri]と/'i/[ji]とが並存する。
<用例>　○リツシウ risshū (りつしう、立秋)　○リツトウ rittō (りつとう、立冬)
　○リツパ rippa (りつぱ、立派)　○イリ iri (いり、にし、西)　○イリユウ iriyū
　(いりよう、入用)　○キーリ wīri (えり、襟)　○チリ chiri (きり、霧)　○ク
　リ kuri (くり、栗)　○クーリ kūri (こほり、氷)　○スヹリ siziri (すずり、
　硯)；　○ユイ yuyi (百合)　○カンナイ kannai (雷)　○アイ ayi (有り)

第3章　「ぜりかく」（勢理客）が「じっちゃく」になるまで

《チェン》（1895）
　/ri/が/'i/[ji]に変化した例がある。
〈用例〉　○haru-yadu<u>yi</u>（はるやど<u>り</u>、畑家取り）　○chu<u>yi</u>（ひと<u>り</u>、一人）
　　○Huna-uku<u>yi</u>（ふなおく<u>り</u>、船送り）　○fu<u>yi</u>（ふ<u>り</u>、降り）　○yu<u>i</u>ni（よ<u>り</u>に、由り
　　に、よって）

〈20世紀〉
《沖辞》（1963）
　/ri/が/'i/[ji]に変化した例がある。「ゆり（百合）、かみなり（雷）、こもり（池）」
等である。
〈用例〉　○ri<u>Q</u>sjuu（<u>り</u>つしう、立秋）　○ri<u>Q</u>too（<u>り</u>つとう、立冬）　○ri<u>Q</u>pa（<u>り</u>つ
ぱ、立派）　○ʔi<u>ri</u>（い<u>り</u>、にし、西）　○ʔi<u>ri</u>juu（い<u>り</u>よう、入用）　○ʔi<u>ri</u>（え
<u>り</u>、襟）　○ci<u>ri</u>（き<u>り</u>、霧）　○ku<u>ri</u>（く<u>り</u>、栗）　○kuu<u>ri</u>（こほ<u>り</u>、氷、氷砂糖）
○şizi<u>ri</u>（すず<u>り</u>、硯）；　○ʔaNma<u>ri</u>（あま<u>り</u>、余り）；　○'ju<u>i</u>（ゆ<u>り</u>、百合）
○kanna<u>i</u>（かみな<u>り</u>、雷）　○kumu<u>i</u>（こも<u>り</u>、池）　○ʔa<u>i</u>koo（あ<u>り</u>、蟻）

現代語（1970年代）
　/ri/が/'i/[ji]に変化した例がある。「ゆり（百合）、かみなり（雷）、こもり（池）」
等である。
〈用例〉　○ri∫∫u:（<u>り</u>つしう、立秋）　○ritto:（<u>り</u>つとう、立冬）　○rippa（<u>り</u>つ
ぱ、立派）　○ʔi<u>ri</u>（い<u>り</u>、にし、西）　○ʔi<u>ri</u>ju:（い<u>り</u>よう、入用）　○<u>ji</u>ri（え
<u>り</u>、襟）　○ʧi<u>ri</u>（き<u>り</u>、霧）　○ku<u>ri</u>（く<u>り</u>、栗）　○ku:<u>ri</u>（こほ<u>り</u>、氷、氷砂糖）
○∫iʨi<u>ri</u>（すず<u>り</u>、硯）；　○ʔanma<u>ri</u>（あま<u>り</u>、余り）；　○ju<u>ji</u>（ゆ<u>り</u>、百合）
○kanna<u>ji</u>（かみな<u>り</u>、雷）　○kumu<u>ji</u>（こも<u>り</u>、池）　○ʔa<u>ji</u>ko:（あ<u>り</u>、蟻）

3）*/ri/の「促音」化

　前に提示した、《チェン》（1895）の「kitchi」（蹴って←けりて）のような例を他の資
料で見出すのには難しさを伴う面があるが、用例がないわけではないので、それらの
数少ない用例を見ていくことから始めよう。

《翻訳》（1501）
　促音を示すと思われる次のような例がある。
　　　　　○尽了　mi・na・rat⟨nat⟩・ti　　○下（雨）　phut・tjɔi
　　　　　○上了　'aŋ・kat・tjɔi　　○落了　'ja・sʌ・mjɔ・'is・cjɔi
　　　　　○後日　'a・sat・ti　　○起身　that・cjɔi
それぞれ、順に、「みななって←みななりて」「降って←ふりて」「上がって←あがり
て」「休み入って←やすみいりて」；「あさって、明後日」「発って←たちて」に対応す
ると思われる。

51

第3章　「ぜりかく」（勢理客）が「じっちゃく」になるまで

　「後日　'a・sat・ti」を例について考えてみる。「−tt−」のように表記されていれば、無気音の表示である可能性もあるが、「−t・t−」のように、前の子音が前音節の終わりにある、つまり、朝鮮語でいうパッチムの形になっているので、それは否定されよう。
　パッチムの「s」は、（「t」の前では）「t」と音価を同じくするから、「−s・c−」は「−t・c−」と同じと考えてよい。
　よって、パッチムに準じて考えると、「−t・t−」「−t・c−」「−s・c−」は、その間に休止のあることを示していることになり、促音表記であると考えられる。
　同じくパッチムの形での表記になっている次のような例もある。
　　　　○甚麼子　ru〈nu〉・'uk・ka　　○晴了　pha・rit・tjɔi
　　　　○一路上　mit・ci・mit・ci　　　○火盆　phi・phat・ci
　　　　○到　kit・cjɔi　　　　　　　　○幾時　'it・cʌ
　　　　○夏　nat・cʌ
　これらについては一考を要しそうである。対応（現代）語形との関係上、俄かには促音表記と言えない例である。
　伊波普猷は、「朝鮮語にはtsがないので、之を写すのにㅈ又はㅊを以てし、或はその前の音節の語尾に、ㄷ（t）を附けて之を写したものもある」（『全集』第四巻　p.55）と説明しているが、これは当たらない。15世紀頃の朝鮮語の「c」・「ch」はそれぞれ［ts］・［tsh］であったと考えられるからである。
　観点を変えて考えてみる。例えば、「夏　nat・cʌ」は、具体音声が、［natsɯ］であったとして、「na・cʌ」と表記すると、「硯　sʌ・cʌ・ri」「旧年　ku・co」の例が示すように、ハングル「c」は母音間では有声音を表わすことになるから（［nadzɯ］になってしまうから）、そうならないように「nat・cʌ」としたと考えられなくもない。
　しかし、これには、すぐ反証が上がる。用例は省略するが、［ts］を示すと思われるハングル「c」は母音間のそれが多く、また、気音が強いと判断された時に有気音（気音の多い）ハングル「ch」で表記したのであり、有声音と間違われないために「ch」とする配慮などはなされていない。そして、何よりも、「起身 that・cjɔi」が促音の存在を裏付けるはずである。
　疑問の余地は残しながらも、これらの例も促音表記と見てよいのではないか。

　少し長くなったが、「なりて、ふりて、あがりて、いりて」の「−り−」相当部分が促音になったと考えられる例のあることがわかった。
　これだけの例から一般化するのは避けるべきであるが、少なくとも、1500年前後において「−り−」の促音化現象があったことだけは認定できよう。

　これで、*/ri/の「促音」化が15世紀終りあたりには起こっていたらしいと言えるが、用例の多くが、所謂活用語の活用形「−りて、−りた」等に含まれる「−り−」であって、「ぜりかく」のような名詞の一部としての「−り−」の例は見当たらないので、この両者の間にどのような共通性を見出すかが問われることになる。活用語か否

かの視点を入れると形態の問題になるが、そうではなく、あくまでも音韻のレベルでのことと考えれば、/-rik-/・/-rit-/等の環境で起こる音韻変化であると捉えることができる。

それで、「促音」一般の流れの中で、*/ri/の「促音」化の問題を考えていくことにする。

《琉館》（16C前半？）
表記上促音と認定できるものは存在しないが、例えば「失達哇（しりた は、知りたは）」「失只（しりて、知りて）」は、表記には現れていないが、促音を含んでいる可能性がある。

《陳使》（1534）
《琉館》と同じように、「失達哇（しりたは、知りたは）」「失知（しりて、知りて）」は、表記には現れていないが、促音を含んでいる可能性がある。

《碑文 (やら)》（1554）
「くすくつませてておかて（城積ませて置かて）」は、表記には現れていないが、促音を含んでいる可能性がある。

《郭使》（1561）　《音字》（1572頃）　《蕭使》（1579）　《夏使》（1606）
「屋的（うりて、売りて）」「識達哇（しりたは、知りたは）」「識之（しりて、知りて）」は、表記には現れていないが、促音を含んでいる可能性がある。

《おも2》（1613）
促音表記であろうと思わせる例がある。
　　〇うちちへ＜打って＞　〇もちちへ＜持って＞
これらに準じると思われる次の例がある。
　　〇おもて＜思って＞　〇しなて＜撓って＞　〇むかて＜向かって＞
ただし、「り」に対応する例は見出せない。

《おも3》（1623）
《おも2》同様、促音表記と思われる例がある。
　　〇うちちへ＜打って＞　〇うちちへ＜討って＞　〇うちちゑ＜打って＞　〇たちちへ＜立って＞

表記上は現れていないが、促音を含むと考えられる例がある。そして、これらは、促音相当部分が、その変化の前は「-り-」か「-ひ-」かであったものがほとんどである（他に、「-ち-」の例がある）。

第3章 「ぜりかく」（勢理客）が「じっちゃく」になるまで

　　＜「-り-」に対応＞　○あかて＜上がって、揚がって←あがりて＞　○あがて＜上がって、揚がって←あがりて＞　○かゑて＜帰って←かへりて＞　○つくて＜作って、造って←つくりて＞　○とて＜取って←とりて＞　○なて＜なって←なりて＞　○まさて＜勝って←まさりて＞　○まわて＜廻って←まわりて＞　○みまふて＜見守って←みまもりて＞　○もとて＜戻って←もどりて＞　○もどて＜戻って←もどりて＞　○よて＜寄って←よりて＞　○わたて＜渡って←わたりて＞

　　＜「-ひ-」に対応＞　○おそちへ＜襲って←おそひて＞　○おそて＜襲って←おそひて＞　○かよて＜通って←かよひて＞　○さそて＜誘って←さそひて＞　○しなて＜撓って←しなひて＞　○そるて＜揃って←そろひて＞　○そろて＜揃って←そろひて＞　○やしなて＜養って←やしなひて＞　○わらてる＜笑ってぞ←わらひてぞ＞

　　＜「-ち-」に対応＞　○うちへ＜打って←うちて＞

以下、他の資料において、「促音」表記と思われる例を拾い上げる。

《仲里》(1703 頃)
＜用例＞　○立きつち（立ち切って？）　○ふみきつち（踏み切って）　○みなつちや（蝉）

《混験》(1711)
＜用例＞　○いつとき（時の間）　○おまつくわ（御枕）　○おめをつと（弟、「思弟」　○かうのあつため（鹿肉）　○しつくわしつくわのはな（なはるはな）　○ひつちへちやはる（終日）　○まつくわ（枕）　○をつてい（一昨日）

《琉由》(1713)
＜用例＞＜促音と思われる「つ」＞
○アツタ嶽　○アツチヤマノ殿　○ウツ原ノ殿　○コバブツソサン森　○下ムツコノ嶽　○ソフツケナ巫　○ハイツタリ根タメ大アルジ　○ヒキツケカサノ　○三ツハ布

《中信》(1721)
＜用例＞　○活見（ほつけん、北絹）＜絹＞

《琉訳》(1800 頃)
＜用例＞　○阿答（あつた、熱田）＜熱田＞　○武多（うつたふ、訴ふ）＜詢訟訴＞　○叔神（しゆつせん、出船）＜開船＞　活見（ほつけん、北絹）＜絹＞　○木同（もつとも、尤も、ムツトゥン）＜有道理＞　○喇著（らつきう、辣韮？）＜蕎＞（「蕎」は「そばむぎ」）；　○識之（しりて、知りて、シツチ）＜都曉得＞　○日里骨（ぜりかく、勢理客）＜勢理客＞

第3章　「ぜりかく」（勢理客）が「じっちゃく」になるまで

前述したように、「ぜりかー」は[ɕitʃa-]となっていたと推定される。

（参考）○的即煞（てつさふ、鉄錆）＜鐵錆＞　　○的即如（てつじゆ、鉄樹）＜鐵樹＞

《漂録》（1818）

現代（沖縄）語との対応から、促音を含んでいると予想される用例は、次の二つしかない。現代語の音声表記も添える。

○scjo（ひと）人[tʃu]　　○mu・scin・ci・sko（もちていきてこ、取来）[mutʃiʔnɕikuː]

そして、これらは、図らずもと言うべきか、当然の結果と言うべきか、無気音表記の形をとっている。「促音」は「無気音」の形で実現することが多いからである。

《クリ》（1818）

「−り−」に対応し、それが促音表記になっていると判断される次のような例がある。
　　○atchoong（歩っく←ありく）　○tettee（照って←てりて）
と同時に、次のように促音表記になっていない例もある。
　　○ootee（居りて）　○tootee（取りて）　○ootee（折りて）　○noobootee（登りて）

'kk' 'tt' 'ss' などと表記されたのが、促音を示すであろうと一応見当がつけられるが、その中で、現代（首里）語との対照において、促音と認められるものはわずかにすぎない。次がそうである。

○sack-quee（咳）　○akka（痛い！）　○mootchee eechoong（持って行く）
○kassa cheeroo（「軽さ黄色」？）＜Yellow, dark＞
対応する現代語は、それぞれ以下のようになる。
[sakkwiː]（咳），[ʔakkaː]（痛い！），[mutʃiʔiʃuŋ]（持って行く），[kassaʃiːruː]（軽さ黄色）

これに対して、次のような例は、それに対応する現代（首里）語では促音とはならないものである。
○nackka eebee（中指）　○ickkeega（男）　○kackkoo（角）　○sackkee（酒）　○watta（腹）　○asattee（明後日）　○kutta（肩）　○tettee（照って）　○fookasaa（深さ）　○kasṣa（笠）　○goositchee（薄）　○footchoong（吹く）　○feetchoong（引く）

これらの表記が正しければ、19世紀初までは存した促音が現代（首里）語では消えてしまったか、これらの語が首里方言ではないかのいずれかであるということになる。即断しがたい問題なので、保留としておきたい。

第 3 章　「ぜりかく」（勢理客）が「じっちゃく」になるまで

《沖話》（1880）
<用例>分類して示す。
/Qk/　○ガツカウ gakkō（がつかう、学校）　○ジツカン jikkan（じつかん、十干）　○トツクイ Tukkuyi（とつくり、徳利）　○ハツクチヤウ hakkuchō（はつくちやう、八九丁）　○マツクワ makkwa（まくら、枕）　○マヽツクワ mamakkwa（ままこ、繼子）　○ヤツクワン yakkwan（やくわん、薬缶、銅鑵）

/Qt/　○ウツトウナイ uttuwunayi（おとをなり、妹）　○ウツトングワ uttungwa（おとご、乙子）　○ウツテー wuttī（おととひ、一昨日）　○ドツト duttu（どつと、ドット）　○マツタチ（ママ）mattaki（ママ）（まつたけ）　○マツタラー mattarā（まつたらあ、燕）　○リツトウ rittō（りつとう、立冬）　○ワツター Watta（われわれ、我々）

/Qc/　○ヅヽチン zitchin（づきん、頭巾）　○ヒツチヨーシガ fitchōsi ga（ひりてをりしが、乾りてをりしが）　○ムツチヨーヤビーン muchōyabīn（もちてをりてはべり、持ちてをりて侍り、持っております）＜mutchōyabīn とあるべきところであるが、「t」が脱落している＞　○ラツチヤウ ratchō（らつきよう、薤）　○マツツヂ Mattsiji（まつづ?、絶頂（ゼツチヤウ））

/Qp/　○ナンジツプン Nanjippun（なんじつぷん、何十分）　○リツパ rippa（りつぱ、立派）

/Qs/　○クワツサヤビーシガ kuwassa yabīsi ga（くわしさありはべりしが、委しさあり侍りしが）　○グワツシユク gwasshuku（ぐわつしよく、月蝕）　○シシ sshi（して、為て）　○ニツシユク nisshuku（につしよく、日蝕）　○ブツシユウカン busshūkan（ぶしゆかん、佛手柑）　○ブツサウクワ bussōkwa（ぶつさうくわ、佛桑花）　○リツシウ risshū（りつしう、立秋）

《チェン》（1895）
<用例>分類して示す。
/Qk/　○akki（あっき←ありけ、歩りけ）
/Qt/　○itti（いれって。いれて、入れて）　○gattinō（がってんは。がてんは、合点は）　○attani（あったに。きふに、急に）　○shikattu（しかっと。しかと、確と）　○duttu（ドット。どつと、大変）；　○iut tukuru（いふっところ。いふところ、言ふ所）
/Qc/　○itchi（いって。いりて、入りて）　○utchi（うって。うちて、打ちて）　○kitchi（けって。けりて、蹴りて）＜現代語は「キティ」となっている。促音ナシ＞　○Mutchi（もって。もちて、持ちて）　○wwʼatchi（おはしって?。おはして、御座して）
　　　　＜○ichi（いって。いひて、言ひて）＞
/Qp/　○Appi（あっぴ。あれだけ、彼だけ）　○ippē（いっぱい。一杯、大変）

56

第3章 「ぜりかく」(勢理客)が「じっちゃく」になるまで

/Qs/ ○s̲shi (っし。して、為て)

《沖辞》(1963)
＜用例＞ 項目別に整理すると以下のようになる。
/Qk/ ○gaQkoo (がつかう、学校) ○ziQkaN (じつかん、十干) ○tuQkui (とつくり、徳利) ○haQkucoo (はつくちやう、八九丁) ○maQkwa (まくら、枕) ○mamaQkwa (ままこ、繼子) ○'jaQkwaN (やくわん、薬缶、銅鑼)
/Qt/ ○ʔuQtu'unai (おとをなり、妹) ○ʔuQtuŋgwa (おとご、乙子) ○'uQtii (おととひ、一昨日) ○duQtu (どっと、ドット) ○maQtaki (まつたけ) ○maQtaraa (まつたらあ、燕) ○riQtoo (りつとう、立冬) ○waQtaa (われわれ、我々)
/Qc/ ○muQcoojabiiN (もちてをりてはべり) ○raQcoo (らつきよう、薤) ○maQcizi (まつつぢ？、絶頂(ゼツチヤウ))
/Qp/ ○nanziQpun (なんじつぷん、何十分) ○riQpa (りつぱ、立派)
/Qs/ ○kuwaQsa (くわしさ、委しさ) ○gwaQsjuku (ぐわつしよく、月蝕) ○Qsi (して、為て) ○niQsjuku (につしよく、日蝕) ○riQsjuu (りつしう、立秋)

現代語 (1970年代)
＜用例＞ 項目別に整理すると以下のようになる。
/Qk/ ○gakko: (がつかう、学校) ○ʥikkaN (じつかん、十干) ○tukkuji (とつくり、徳利) ○hakkutʃo: (はつくちやう、八九丁) ○makkwa (まくら、枕) ○mamakkwa (ままこ、繼子) ○jakkwaN (やくわん、薬缶、銅鑼)
/Qt/ ○ʔuttuwunaji (おとをなり、妹) ○ʔuttuŋgwa (おとご、乙子) ○wutti: (おととひ、一昨日) ○duttu (どっと、ドット) ○mattaki (まつたけ) ○mattara: (まつたらあ、燕) ○ritto: (りつとう、立冬) ○watta: (われわれ、我々)
/Qc/ ○çitʃo:ʃiga (ひりてをりしが、乾りてをりしが、乾いているが) ○muttʃo:jabi:N (もちてをりてはべり、持ちてをりて侍り、持っております) ○ratʃo: (らつきよう、薤) ○mattʃiɕi (まつつぢ？、絶頂(ゼツチヤウ))
/Qp/ ○nanɕippuN (なんじつぷん、何十分) ○rippa (りつぱ、立派)
/Qs/ ○kuwassajabi:ʃiga (くわしさありはべりしが、委しさあり侍りしが、詳しいですが) ○gwaʃʃuku (ぐわつしよく、月蝕) ○ʃʃi (っし、して、為て) ○niʃʃuku (につしよく、日蝕) ○riʃʃu: (りつしう、立秋)

3）＊／－ika／「-iか」の変化

《翻訳》(1501)に、「'i-kja (いか、如何)」という例があり、《琉館》(16C前半？)には「集加撒 (ちかさ、近さ)、亦加撒 (いかさ、幾等)」がある。また、《おも1》(1531)にも「いきやる (如何る)」がある。これらの例から、16世紀の初めには、＊/-ika/に口蓋化が起こって、/-ikja/になっていたことが明らかになる。

第 3 章　「ぜりかく」（勢理客）が「じっちゃく」になるまで

　文献資料は、その記録された時より以前の時期の言語状態を反映するのが一般的であるということを考え合わせれば、15 世紀後半には口蓋化が起こっていたと考えられる。

　例を追加しておこう。
　　《碑文 (やら)》（1554）　○いきやてゝ（如何てて）　○しま世のてやちきやら（しま世のてや力）

　ところで、今出てきた例の「**力（ちから）**」は、現代（沖縄）語では[ʧikara]であるから、どこかで「先祖返り」のような現象が起こったことになる。破擦音化して[ʧiʃara]になった後[ʧikara]になったのか、[ʧikjara]から[ʧikara]にもどったのか。

　《沖辞》（1963）には　「cikara①（名）力。」はあるが、「cicara」はない。しかし、「cicaramuucii①（名）cikaramuucii と同じ。」とあって、「cicara」の存在を教えてくれる。そして、「cikaramuucii①（名）力餅。旧暦の 12 月 8 日鬼餅（muucii）の日に作って子供に与える餅の名。（中略）cicaramuucii ともいう。」とあるところから、「力」に関しては、「cikara」が優勢であった（破擦音化した形よりはそうでない形のほうが優勢であった）ということを読み取ることができる。

　それでは、「ちきやら」等から破擦音化したのは、いつごろか。
　《混験》（1711）に、次のようにある。
　　○ききや（鬼界島）　○みきやう（御顔）　○むきやちや（御蚊帳）　○むきやがみ（御鏡）　○むきやび（御紙）
それぞれに、*/-ika-/を含んでいて、口蓋化した形となっている。破擦音化には到っていない。
　参考として、一例だけ現代（沖縄）語との対応を示そう。[nʧabi]（御紙）である。《沖辞》には「'ncabi◎（名）紙銭。春秋の彼岸に焚く、銭型を打った紙。御紙の意。（以下略）」とある。

　《琉由》（1713）　○イキヤ（如何）　○ミキヤツイ（三日）
　《中信》（1721）　○密介（みか、三日）
　《琉見》（1764）　○恥喀撒（ちかさ、近さ）　○密憂（みか、三日）
　以上の限りにおいては、18 世紀に破擦音化したという例を見出すことができない。

　19 世紀はどうか。
　《琉訳》（1800 頃）に「及喀石（ちかし、近し）」「及喀那（ちから、力）」「亦加煞（いかさ、幾等）」がある。「喀喀米（かがみ、鏡）」や「喀答（かた、肩）」等の例もあるので、音訳字「喀」の音価は[ka]以外には考えられない。(破擦音化は当然のこと)口蓋化もないことになる。しかし、この文献資料の性格として、古い形を収録して

第3章　「ぜりかく」（勢理客）が「じっちゃく」になるまで

いる可能性が高いのであって、そのような位置づけをすればよい。

《漂録》（1818）には、*/-ika/に対応するよう例が見当たらない。

《クリ》（1818）に、「みかづき（三日月）」に相当する次の例がある。
　　　○mecasitchee/moon,half

《クリ》には、「かんむり（冠）」に相当する cammoodee<Cap> の例もあるので、「ca」は、[ka]を示していることになる。

《沖話》（1880）には「ミカヅキ　新月　ミカヅチ」「ヒカリ　光　ヒカリ」などがある。

《沖辞》（1963）に次のようにある。
　cicasaɴ◎（形）近い。cikasaɴともいう。
　cikasaɴ◎（形）近い。cicasaɴともいう。
　miQca①◎（名）三日。みっか。一日の三倍。月の第三日は多くsaɴɴiciという。
　miQka①（名）三日。みっか。
　hwicai◎（名）（一）光。hwiinu 〜. 日の光。（二）光沢。つや。
　hwikari◎（名）（一）光。hwicaiと同じ。（二）威光。また、名誉。ほまれ。
　　　　　　（以下、略）

19世紀後半から20世紀初めにかけては、[-iʧa]と[-ika]とが共存状態にありながら[-ika]のほうへ移行しつつあったらしいことがわかる（《沖辞》にhwicajuɴ（光る）はあるが、hwikajuɴはないことも参考になる）。すると、破擦音化したのは、18世紀後半から19世紀初めにかけてかということになる。

以上のことを表にまとめると、以下のようになる。

<表10>*／－ｉｋａ／「-iか」の変化

15世紀以前	翻訳	碑文玉殿	琉館	碑文石東	碑文石西	田名1	碑文崇寺	おも1	陳使
	1501	1501	16c半	1522	1522	1523	1527	1531	1534
ika	-ikja	-ikja	-ikja	-ikja	-ikja	-ikja	-ikja	-ikja	-ikja
田名2	田名3	田名4	碑文かた	田名5	碑文添門	田名6	碑文やら	田名7	郭使
1536	1537	1541	1543	1545	1546	1551	1554	1560	1561
-ikja	-ikja	-ikja	-ikja	-ikja	-ikja	-ikja	-ikja	-ikja	-ikja
田名8	田名9	音字	蕭使	田名10	碑文浦城	田名11	夏使	おも2	碑文よう
1562	1563	1572頃	1579	1593	1597	1606	1606	1613	1620
-ikja	-ikja	-ikja	-ikja	-ikja	-ikja	-ikja	-ikja	-ikja	-ikja
おも3	碑文本山	田名12	田名13	田名14	田名15	田名16	仲里	混験	琉由
1623	1624	1627	1628	1631	1634	1660	1703頃	1711	1713
-ikja	-ikja	-ikja	-ikja	-ikja	-ikja	-ikja	-ikja	-ikja	-ikja

第3章　「ぜりかく」（勢理客）が「じっちゃく」になるまで

中信	琉見	琉訳	漂録	クリ	官話	沖話	チェン	沖辞	現代語
1721	1764	1800頃	1818	1818	19c?	1880	1895	1963	1970代
-ikja/ -icja	-ikja/ -icja	-ikja/ -icja	-icja	-icja	-icja	-icja	-icja	-icja	-icja

　これまで見てきたことをまとめると次のようになる。

<*/ze/の変化>
　*/ze/は、16世紀前半までは/zï/［dzï］であった可能性が高く、その後/zi/［dzi］に転じた。これが、19世紀初めまで続き、さらに/zji/［ɕi］となり現代に到る。

<*/ri/の変化>
　1500年前後に「－り－」の促音化現象があった。

<*/-ika/の変化>
　15世紀後半には口蓋化が起こっていた。破擦音化したのは、18世紀後半から19世紀初めにかけてであろう。

　結局のところ、「ぜりかく」（勢理客）は、次のような経過を経て、「じっちゃく」になったと言える。上記の変化の時期を区切りにしてみる。

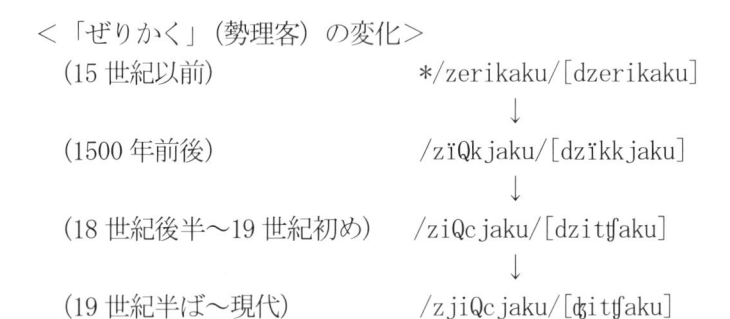

<「ぜりかく」（勢理客）の変化>
　(15世紀以前)　　　　　　　　*/zerikaku/［dzerikaku］
　　　　　　　　　　　　　　　　　　↓
　(1500年前後)　　　　　　　　/zïQkjaku/［dzïkkjaku］
　　　　　　　　　　　　　　　　　　↓
　(18世紀後半〜19世紀初め)　　/ziQcjaku/［dzitʃaku］
　　　　　　　　　　　　　　　　　　↓
　(19世紀半ば〜現代)　　　　　/zjiQcjaku/［ɕitʃaku］

第4章　短母音の変化

　次に、「そへいし」(添石)について考察しようとするのであるが、その「そへー」相当部分の変化について、文献資料としては、「ハ行転呼」注 終了後のそれとしてしか得られない。その結果、二重母音＊/oe/の変化と重なってくる。

　　注)「ハ行転呼」とは、語頭以外の「ハ行音」が、「かは→かわ、いへ→いえ、かほ→かお」等のように、「ワ行音」に変化したされる現象をいう。「小田原」(おだはら→おだわら)や「藤原」(ふじはら→ふじわら)等も同じである。

　＊/oe/は、/o/→/u/、/e/→/i/の変化に応じて/ui/となる。16世紀半ばと推定される。これが18世紀の終りごろから、一部/ii/へと変化する。
　そのようであるから、「そへいし」(添石)の変化を考察する前に、短母音の変化について見ておく必要がある。
　問題になるのは、変化した＊/e/と＊/o/であるので、このふたつについて述べていくことにする (＊/i/,＊/a/,＊/u/はこのまま推移してきた)。

1、＊/e/の変化

　沖縄語の「短母音」の「三母音化」、取分け、＊/e/から/i/への変化に関して、その時期を巡って、伊波普猷・外間守善・中本正智・高橋俊三等からいくつかの説が出されてきたが、それは、早期 (1500年以前) に「三母音化」現象が起こっていたと考えるか、そうでないと考えるかの違いによる。それらの要点は、以下のようである。

　伊波普猷(1930)(1974)
　「eo がそれぞれ iu に変わつたのは、一足飛では無く、漸次的であつた筈だから、いつ頃から変り始めたかは知る術も無く、オモロ及び金石文の仮名遣を調べて見ても、エ列とイ列との、又オ列とウ列との区別が判然してゐる」(P.22)

　伊波普猷(1933)(1974)
　「現に沖縄島の北部の老人達の語音には、国語のエに當る[i]と在来の[i]との間に、いくらかの開きがあるといひ、首里方言でも、一世紀前までは、同様な現象があつたといひ、田島先生も、三十年前に、首里那覇の老人達の語音には国語のオに當る[u]と在来の[u]との間には幾分の開きがあるといつて居られたから、平仮名を借用して、オモロを表記した当初(鎌倉期以前)には、その間にかなりはつきりした区別があつたに違ひない」(P.20)

第4章　短母音の変化

　高橋俊三(1991)
「『おもろさうし』のエ段の仮名とイ段の仮名は「へ」「ゑ」「い」を除いて、ほぼ規則的に使われていて、発音を忠実に写しているといえる。また、そのことから、『おもろさうし』時代は、ア行、ハ行(特に語中)、ワ行を除いては、エ段の母音とイ段の母音との間にほぼ区別があったといえる(区別を失いかけていたとしても、最も初期の段階である)」(P.98)

　外間守善(1971)
「方言化への傾斜を始めた一二世紀頃から母音変化の様相を胚胎していたかどうか、あかしの立てようがないが、私は、文献時代(一五世紀末以降)に入る直前頃にはかなりの程度まで三母音化現象が進んでいたに違いないと考えている」(P.34)

　中本正智(1990)
(『おもろさうし』の仮名遣いを検討した結果)「母音変化として、高母音化現象のo→u、e→iが、すでに起こっている。本来のoとu、eとiがそれぞれ統合したとみてよい」(P.871)

　問題の所在は、「おもろさうし」とその周辺の仮名資料の表記をどのように解釈するかに集約されるように見えるが、それほど単純ではない。「表記」をどのように捉えるかということもさることながら、「音声」を問題にしているのか、「音韻」を問題にしているのか、判然としないままに論じられている側面もある。
　多和田(1997)では、(ハングル資料「語音翻訳」(1501)をもとに)「ハングルの「i」「jɔi」「jɔ」「ɯi」は*/エ/の異音を表記したと考えられ、[e]が[i]へと変化していく過程における中間的な母音の姿を写し取っていると見ることができる」(p.30)と述べた。(「[e]が[i]へと変化していく」は、「/e/が/i/へと変化していく」に改められるべきである。)(この時は明示しなかったが、「過渡的」ではあれ、/e/でも/i/でもないので、音韻的に/ï/を設定することとする。)
　「異音」がどのように具現化しているかを探るのは、当然必要であるが、「示唆的特徴」(意味の違いを担う特徴)でない事柄を細かく追究してもさほど得るところはないように思われる。「形」の違いを問題にしているのに「色」の違いにも目を奪われてしまうようなもので、当初の目的を見失ってしまう恐れがある。

　《琉館》以下の漢字資料において*/e/相当部分と*/i/相当部分とに同じ音訳字が現れることが多いが、同様に表記されているということは、音韻的には「同じ」であることを示している可能性が高いということになるであろう。仮名資料においても「エ段の仮名」と「イ段の仮名」とが区別なく現れ出てくることがあるが、同じ現象であると見ることができる。

　そのような視点で分析した結果を纏めると、以下のようになる。

第4章 短母音の変化

<表11> */e/の変化

	ke	ge	te	de	pe	be	se	ze	me	ne	re
15世紀以前	ke	ge	te	de	pe	be	se	ze	me	ne	re
翻訳(1501)	kï	gï	tï	dï	pï	bï	sï	zï	mï	nï	rï
碑文(玉殿)(1501)	kï	gï	tï	dï	pï	bï	sï	zï	mï	nï	rï
琉館(16c前半)	ki	gi	ti	di	pi	bi	si	zi	mi	ni	ri
碑文(石東)(1522)	ki	gi	ti	di	pi	bi	si	zi	mi	ni	ri
碑文(石西)(1522)	ki	gi	ti	di	pi	bi	si	zi	mi	ni	ri
田名1(1523)	ki	gi	ti	di	pi	bi	si	zi	mi	ni	ri
碑文(崇寺)(1527)	ki	gi	ti	di	pi	bi	si	zi	mi	ni	ri
おも1(1531)	ki	gi	ti	di	hwi	bi	si	zi	mi	ni	ri
陳使(1534)	ki	gi	ti	di	hwi	bi	si	zi	mi	ni	ri
田名2(1536)	ki	gi	ti	di	hwi	bi	si	zi	mi	ni	ri
田名3(1537)	ki	gi	ti	di	hwi	bi	si	zi	mi	ni	ri
田4(1541)	ki	gi	ti	di	hwi	bi	si	zi	mi	ni	ri
碑文(かた)(1543)	ki	gi	ti	di	hwi	bi	si	zi	mi	ni	ri
田名5(1545)	ki	gi	ti	di	hwi	bi	si	zi	mi	ni	ri
碑文(添門)(1546)	ki	gi	ti	di	hwi	bi	si	zi	mi	ni	ri
田名6(1551)	ki	gi	ti	di	hwi	bi	si	zi	mi	ni	ri
碑文(やら)(1554)	ki	gi	ti	di	hwi	bi	si	zi	mi	ni	ri
田名7(1560)	ki	gi	ti	di	hwi	bi	si	zi	mi	ni	ri
郭使(1561)	ki	gi	ti	di	hwi	bi	si	zi	mi	ni	ri
田名8(1562)	ki	gi	ti	di	hwi	bi	si	zi	mi	ni	ri
田名9(1563)	ki	gi	ti	di	hwi	bi	si	zi	mi	ni	ri
音字(1572頃)	ki	gi	ti	di	hwi	bi	si	zi	mi	ni	ri
蕭使(1579)	ki	gi	ti	di	hwi	bi	si	zi	mi	ni	ri
田名10(1593)	ki	gi	ti	di	hwi	bi	si	zi	mi	ni	ri

第 4 章　短母音の変化

碑文（浦城）(1597)	ki	gi	ti	di	hwi	bi	si	zi	mi	ni	ri
田名 11 (1606)	ki	gi	ti	di	hwi	bi	si	zi	mi	ni	ri
夏使 (1606)	ki	gi	ti	di	hwi	bi	si	zi	mi	ni	ri
おも 2 (1613)	ki	gi	ti	di	hwi	bi	si	zi	mi	ni	ri
碑文（よう）(1620)	ki	gi	ti	di	hwi	bi	si	zi	mi	ni	ri
おも 3 (1623)	ki	gi	ti	di	hwi	bi	si	zi	mi	ni	ri
碑文（本山）(1624)	ki	gi	ti	di	hwi	bi	si	zi	mi	ni	ri
田名 12 (1627)	ki	gi	ti	di	hwi	bi	si	zi	mi	ni	ri
田名 13 (1628)	ki	gi	ti	di	hwi	bi	si	zi	mi	ni	ri
田名 14 (1631)	ki	gi	ti	di	hwi	bi	si	zi	mi	ni	ri
田名 15 (1634)	ki	gi	ti	di	hwi	bi	si	zi	mi	ni	ri
田名 16 (1660)	ki	gi	ti	di	hwi	bi	si	zi	mi	ni	ri
仲里 (1703 頃)	ki	gi	ti	di	hwi	bi	si	zi	mi	ni	ri
混験 (1711)	ki	gi	ti	di	hwi	bi	si	zi	mi	ni	ri
琉由 (1713)	ki	gi	ti	di	hwi	bi	si	zi	mi	ni	ri
中信 (1721)	ki	gi	ti	di	hwi	bi	si	zi	mi	ni	ri
琉見 (1764)	ki	gi	ti	di	hwi	bi	si	zi	mi	ni	ri
琉訳 (1800 頃)	ki	gi	ti	di	hwi	bi	si	zi	mi	ni	ri
漂録 (1818)	ki	gi	ti	di	hwi	bi	sji	zji	mi	ni	ri
クリ (1818)	ki	gi	ti	di	hwi	bi	sji	zji	mi	ni	ri
官話 (19c?)	ki	gi	ti	di	hwi	bi	sji	zji	mi	ni	ri
沖話 (1880)	ki	gi	ti	di	hwi	bi	sji	zji	mi	ni	ri
チェン (1895)	ki	gi	ti	di	hwi	bi	sji	zji	mi	ni	ri
沖辞 (1963)	ki	gi	ti	di	hwi	bi	sji	zji	mi	ni	ri
現代語 (1970 代)	ki	gi	ti	di	hi	bi	sji	zji	mi	ni	ri

/hwi/=[ɸi], /hi/=[çi]。
/si/=[si], /sji/=[ʃi]。/zi/=[dzi], [ʥi]= /zji/。

*/e/ は、音韻としては、16 世紀前半には/i/になっていたと考えられるが、音声的には[e]〜[i]の自由異音的様相が大分長く続いたようである。

第4章　短母音の変化

「変わり目」の時期に注目しつつ、流れの大筋をみていくことにしよう。

〈16世紀〉
　*/e/相当の部分に、ハングルの「i」「jɔi」「jɔ」「ɯi」「ʌi」が現われ、複雑な様相を呈していることは、多和田（1997）で述べたとおりである（p.29～31）。その要点を記す。
　まず、同じ「テ」に対応すると考えられるものの母音部分に現れる「i」「jɔi」は、共時態としては、同一の音素に該当すると判断される。

　〇mi-na-rat‹nat›-ti（みななりて、〈酒〉尽了）　〇'a-sat-ti（あさって、後日）〇'i-'u-ti（ゑひて、〈酒〉酔了）　〇ku-mo-tjɔi（くもりて、〈天〉陰了）〇pha-ri-tjɔi（はれて、〈天〉晴了）　〇phu-tjɔi（ふりて、下〈雨〉）　〇'a-kat-tjɔi（あがりて、〈日頭〉上了）

　次の例は、同一の語「米」を表示しているはずのものであり、その「メ」の母音の表している「jɔi」と「ɯi」とは自由異音（音声としては異なるが、意味の違いに関与しないもの）をなすと考えられる。
　　〇kho-mjɔi（こめ、大米）　〇ko-mɯi（こめ、米）

　さらに、「jɔ」と表記された例があるが（「tjɔn　天」「thjɔn-ta　日頭」「mja-'u-njɔn　開年」）、これらは「天」や「年」等の朝鮮漢字音に引かれた表記である。また、「'a-rʌi　姐姐」の例もあるが、これは、[e]が[i]に移行する過程で辿る変化相[ë]を具現したものと考えられる。
　以上をまとめると、《翻訳》から帰納される*/e/の音価として[i][e][ɪ][i][ë]が導き出せる。変化過程にあり、「揺れ」を示しているとも言える。
　用例をいくつか追加しよう。
　　〇phun-ti（ふで、筆）　〇thi（て、手）　〇sa-kɯi（さけ、酒）　〇na-pɯi（なべ、鍋）　〇'a-mɯi（あめ、雨）　〇ro‹no›-mi‹ma›-sjɔi（のませ、飲ませ）

《碑文（玉殿）》（1501）
　表記上は、「エ段音」の仮名が使用されているので、音価としてもそれに相応しているように思われるが、《翻訳》《琉館》に見るように、いくつかのバリエーションがあったであろう。《翻訳》から導き出した[i][e][ɪ][i][ë]に準じると考えられる。
〈用例〉　〇このかきつけ（この書き付け）；　〇てんにあをき（天に仰ぎ）；　〇千年万年にいたるまて；　〇くにのまたやわたしよわちへ；　〇おさまるへし（納まるべし）〇たたるへし（祟るべし）；　〇みやきせんのあんし（今帰仁の按司）；　〇まさふろかね（真三郎金）；　〇こゑく（越来）

第4章　短母音の変化

　　前述のように、《琉館》以下の漢字資料｛《陳使》(1534)、《郭使》(1561)、《音字》(1572 頃)、《蕭使》(1579)、《夏使》(1606)、《中信》(1721)、《琉見》(1764)｝において、*/e/相当部分と*/i/相当部分とに同じ音訳字が現れることが多い。(先行資料を「引き写す」という、中国資料の「癖」も少なからず影響しているところがあるが、このことについては深入りしないことにする。)

《琉館》(16C 前半？)
　　漢字資料の代表例として、《琉館》(16C 前半？)の場合を、ある程度詳しく見ていくことにしよう。
　　各項目において/-e/に相当する部分に/-i/に相当する部分と同一の音訳字が現れることが如実に物語っているように、*/e/の音価としては[e]〜[i]としたほうがよかろう。[e]から[i]までの幅のある「自由異音」を認めるということである。

　　「葉」が「え」「へ」「ゑ」相当部分に現れる。
　　　　○葉急（えき、駅）　　○亦葉（いへ、家）　　○葉（ゑ、絵）
　　「え・へ・ゑ」三者の区別がなくなっていたことを知ることができる。

*/ke/に対応する部分に「及、交、見」が現れる。
　　*/ke/に対応する音訳字とその音価
　　　　[kɪ] 及　　　　[kjoː] (けふ) 交　　　　[kiɴ] (けん) 見
<用例>　○達及（たけ、竹）　　○交哇（けふは、今日は）　　○活見（ほつけん、絹）

　　「及」は*/ki/にも現れる。　　○都及（つき、月）

*/ge/に対応する部分に「乞、結、潔」が現れる。
　　*/ge/に対応する音訳字とその音価
　　　　[gɪ] 乞、結、潔
<用例>　○品乞（ひげ、髭）　　○阿結的（あげて、上げて）　　○不潔（まゆげ、眉毛）

　　「乞」は*/gi/にも現れる。　　○以立蒙乞（いりむぎ、炒り麦）

*/te/に対応する部分に「只、的、帖、得、甸」が現れる。
　　*/te/に対応する音訳字とその音価
　　　　[tsi] 只　　　[tɪ] 的　　　[thɪ] 帖　　　[tɪi] (てい) 的　　　[tei] (てい) 得
　　　　[tɪɴ] (てん) 甸
<用例>　○密只（みて、見て）　　○法立的（はれて、晴れて）　　○帖（て、手）　　○嗑得那（くわうていの、皇帝の）　　○甸尼（てんに、てにに？　天に）

66

第4章　短母音の変化

「只、的」は*/ti/にも現れる。　○達只（たち、太刀）　○烏達的（おたち、御立ち）

*/de/に対応する部分に「的、帖、得」が現れる。
　*/de/に対応する音訳字とその音価
　　　[dɪ] 的、帖　　　[de] 得
＜用例＞　○非近的（ひきで、引出）　○分帖（ふで、筆）　○波得那（ほでりの、稲妻の）
　/de/,/di/共通の音訳字は、ない。

*/pe/に対応する部分に「也、葉、卞」が現れる。
　*/pe/に対応する音訳字とその音価
　　　[e]・[ɪ] 也、葉　　　[ɸɪN]（へん）卞
＜用例＞　○馬也（まへ、前）　○亦葉（いへ、家）　○唆亦（さう（ら）へ　○阿卞（あへん、阿片）

　「葉」は*/pi/にも現れる。但し、「ハ行転呼」である。
　　　○高葉（かひ、買ひ）

*/be/に対応する部分に「必、別」が現れる。
　*/be/に対応する音訳字とその音価
　　　[bɪ] 必、別
＜用例＞　○奴必約（のべよ、伸べよ）　○那喇別（ならべ、並べ）

　「必、別」ともに*/bi/にも現れる。
　　　○乞角必（ききおび、帯）　○別姑旦結（びゃくだんき、白檀木）

*/se/に対応する部分に「些、焼、先、森」が現れる。
　*/se/に対応する音訳字とその音価
　　　[si] 些　　　[ʃoː]（せう）焼　　　[sɪN]（せん）先、森
＜用例＞　○些姑尼集（せ（ち）くにち、節句日）　○姑焼（こせう、胡椒）　○先扎（せんじや？　兄）　○森那（せんの、千の）
　/si/,/su/と共通に現れる音訳字は、ない。

*/ze/に対応する部分に「支、集、熟」が現れる。（但し、「熟」は「熱」の誤り。）
　*/ze/に対応する音訳字とその音価
　　　[dʑɪ] 支、集　　　[dʑe] 熱
＜用例＞　○支尼（ぜに、銭）　○嗑集（かぜ、風）　○熟尼（ぜに、銭）
　/zi/,/zu/と共通に現れる音訳字は、ない。

第4章　短母音の変化

*/me/に対応する部分に「乜、米、密、毎、眠、(名、綿)」が現れる。
　　*/me/に対応する音訳字とその音価
　　　　［mɪ］乜、米、密　　　［mi］毎　　　［mɪN］眠（「ど」の前）　　　　［mɪi］（めい）名
　　　　［mɪN］（めん）綿
<用例>　○乜（め、目）　○嗎乜（あめ、雨）　○姑米（こめ、米）　○速多密的（つとめて、凨めて）　○買毎（もんめ、匁）　○眠多木（めども、妻、女共）　○包名（はうめい、報名）　○木綿（もめん、木綿）

「乜、米、毎、密」は*/mi/にも現れる。
　　　　○烏乜（うみ、海）　○米南米（みなみ）　○刊毎那立（かみなり、雷）　○由密（ゆみ、弓）

*/ne/に対応する部分に「乜、尼、眠、聶、年」が現れる。
　　*/ne/に対応する音訳字とその音価
　　　　［nɪ］乜、尼　　［nɪM］眠（「ぶ」の前）　　［ni］聶　　［nɪN］（ねん）年
<用例>　○密乜（みね、嶺）　○福尼（ふね、船）　○眠不立（ねぶり、眠り）　○聶（ね、鼠）　○苗年（みやうねん、明年）

「尼」は*/ni/にも現れる。　○尼失（にし、西）　○熟尼（ぜに、錢）

*/re/に対応する部分に「立」が現れる。
　　*/re/に対応する音訳字とその音価
　　　　［rɪ］立　　［rɪ］（れい）立
<用例>　○法立的（はれて、晴れて）　○立是（れいし、荔枝）

「立」は*/ri/にも現れる。　○分達立（ひだり、左）　○阿立（あり、有り）

*/we/に対応する部分に「葉」が現れる。
　　*/we/に対応する音訳字とその音価
　　［wɪ］葉
<用例>　○葉（ゑ、絵）

仮名資料の《碑文 (石東)》(1522)、《碑文 (石西)》(1522)、《田名１》(1523)、《碑文 (崇寺)》(1527)、《田名２》(1536)、《田名３》(1537)、《田名４》(1541)、《碑文 (かた)》(1543)、《田名５》(1545)、《碑文 (添門)》(1546)、《田名６》(1551)、《田名７》(1560)、《田名８》(1562)、《田名９》(1563)、《田名 10》(1593)、《碑文 (浦城)》(1597)においては、総じて「エ段の仮名」で表記されており、「イ段の仮名」との混用の例は見出せない。

第4章　短母音の変化

代表例として、《碑文（石西）》（1522）の場合を示そう。

《碑文（石西）》（1522）
<用例>　○あんし<u>け</u>すのため（按司下司のため）；　○あか<u>め</u>たて<u>ま</u>つり候<u>て</u>（崇め奉り候て）；　○きのととりの<u>へ</u>に（乙酉の日に）；　○さとぬし<u>へ</u>（里主部）；　○御<u>せ</u>ゝるたまわり申候；　○世の御さう<u>せ</u>のために（世の御思想のために）；　○あか<u>め</u>たてまつり候<u>て</u>（崇め奉り候て）；　○<u>ね</u>たてひかわ（根立て樋川）；　○お<u>れ</u>めしよわち<u>へ</u>（降れ召しよわちへ）；　○きこ<u>ゑ</u>大きミ（聞得大君）

ところが、同じ仮名資料で、しかも上記資料と年代的に近いのにも拘らず、それらと違う様相を見せるのが『おもろさうし』である。

《おも1》（1531）
「い<u>し</u>ゑけり＜勝れ兄弟＞」の例がある。「い<u>せ</u>ゑけり」と「同一語」であるから、「し」と「せ」とが区別されていないことを示す例となる。《翻訳》《琉館》より進んだ段階の姿を見せている。
　全体的には、「エ段の仮名」で表記されている。

「エ段の仮名」で統一的に表記された資料とそうでない資料との相違はどこから生じたか。それは、規範を重んじる辞令文書と碑文との「書き言葉」的なものと、唱えられたものを記録した（音声言語を記録した『おもろさうし』の）「話し言葉」的なものとの違いではなかろうか。

同じ碑文でも、次のような例が存在する。

《碑文（やら）》（1554）
大体において「エ段の仮名」で表記されているが、「イ段の仮名」との混用の例が見出せる。「みしまよ<u>ねん</u>、おくのよ<u>ねん</u>」がそれである。「御島世にも」「奥の世にも」であって、「ーねん」は「ーにも」に対応する。

「話し言葉」的な要素が入り込んだのではないかと思われ、『おもろさうし』の例を補強する形となっている。

<17世紀>
17世紀になっても、仮名資料においては原則的に「エ段の仮名」で表記されているという状況に変わりはない。しかし、時に「イ段の仮名」との「混同」「混用」が見出される。

第4章　短母音の変化

《田名 11》（1606）
「エ段の仮名」が使用されている。しかし、本来「けらい」であるはずの「けらへ」（家来）の例が示すように、「イ段の仮名」と「エ段の仮名」の混用が見られる。

《おも2》（1613）
基本的に、「エ段の仮名」が多く使用されているが、「イ段の仮名」も現れる。
　○かけふさい＜掛け栄え＞　○はいて＜栄えて＞　○きみはい＜君南風＞は　○まいたて＜前立て＞　○こいくあやみや＜越来綾庭＞に　○こいて＜越えて＞　○みこい＜御声＞

＜用例＞　○かけて（掛けて）；　○おしあけつるき（押し上げ剣）；　○てもち（手持ち）；　○御まへ（御前）；　○せめて（攻めて）；　○めつらしや（珍しや）；　○かねと（金と）；　○これと（之と）　○こゑくあやみや＜越来綾庭＞に

《碑文（よう）》（1620）
「エ段の仮名」が使用されている。

＜用例＞　○いけくすく（池城）；　○けらゑらし（造らゑらし）；　○ゑそのてたの御はか（英祖のテダの墓）；　○なるまても；　○かのへさる（庚申）；　○ほるへし（彫るべし）；　○王にせかなし（王仁世加那志）；　○御さうせめしよわちへ（御思想召しよわちへ）；　○たてめしよわちやる（建て召しよわちやる）；　○あにあれは（あにあれば）

《おも3》（1623）
「エ段の仮名」が多く使用されているが、「イ段の仮名」との混用が散見される。
　○めいるな＜見えるな＞　○ゑひやのニはなれ＜伊平屋の二離れ＞

＜用例＞　○さけと（酒と）；　○けすと（下司と）　○げすからと（下司からど）　○みおもかけ（御面影）　○みおもかげ（御面影）；　○て（手）　○ふてつ（一つ）；　○なてゝ（撫でて）　○そで（袖）；　○いへ（言へ）　○まへ（前）　○まゑ（前）　○へにのとりの（紅の鳥の）　○あすたべ（長老部）；　○せんとう（船頭）；　○せにこかね（銭金）　○ぜにこかね（銭金）　○かせ（風）　○かぜ（風）；　○めつらし（珍し）　○あめ（雨）；　○ね（音）　○あねの（姉の）　○かねは（金は、鉄は、金属は）　○ふね（船）；　○あれとも（有れども）　○すくれて（優れて）　○すぐれて（優れて）　○はりゑや（晴りゑや）＜晴れは＞

《碑文（本山）》（1624）
「エ段の仮名」が使用されている。

＜用例＞　○御はかけらへわちへ（御墓造らへわちへ）　○ごんげんも（権現も）；　○あつめ候て（集め候て）　○たてめされ候（建て召され候）；　○千年萬年までも；　○けらへわちへ（造へわちへ）　○ちいへい（指揮）；　○たたるへし（祟るべし）　○わらへの（童の）；　○めとも（女共）　○御たてめされ候（御建て召され候）；

第4章　短母音の変化

　　○大あんしおしられの（大按司おしられの）　○御ミつかいすれてて（御御遣いすれてて）

<18世紀>
《仲里》（1703頃）
　総じて、「エ段の仮名」で表記されているが、次の例のように「イ段の仮名」との混用が見られる。
　　○したかく（せたかく、霊力高く）　○まぜない（まじなひ、呪ひ）

　音価としては、[e[～[i]を想定するのがよかろう。
<用例>　○はしかけて（橋掛けて）森；　○げにあるけに（実にあるけに、実にある故に）　○おもあげ（面上げ）；　○てぐわれて（手乞われて）　○てるかは（照る河、太陽）　○雨乞て（雨乞て）；　○みそであわちへ（御袖合わちへ）　○さしうへろ（差し植へろ）　○なふちへ（直ちへ）；　○たかべる（崇べる）　○かななべ（鉄鍋）；　○よせよわれ（寄せよわれ）；　○あぜら（畦）；　○めしようわひ（召しようわひ）　○あめのはしかけて（雨の橋掛けて）；　○こがねぐち（黄金口）<港の美称>　○いぞくみうね（兵士御船）；　○あざれる（乱れる）　○おしられごと（祈願事）；　○あふゑいだち（追ふゑ出だち）　○とこゑ（十声）

《混験》（1711）
　基本的には、「エ段の仮名」で表記されるが、次の例が示すように、「イ段の仮名」が使用される場合もある。
　　○もちなし（持成し、饗応）（もてなし）　○きしれ（きせる、煙管）

　音価としては、緩やかに[e]～[i]とする。
<用例>　○あけづ（蜻蛉）　○あけどま（明日）；　○あけれ（上げれ）　○みささげ（貢物、御捧げ）；　○あさて（明後日）　○くもて（曇て）　○すとめて（朝）；　○すで水（孵で水）；　○へた（海の端）　○いらへ（答へ）；　○あすたへ（長老部、三司官）　○おしなへて（押並べて）　○はへる（蝶）　○はべる（蝶）　○よべ（夕部）；　○せと（瀬戸）　○くせ（癖）　○よせれ（寄せれ）；　○さんぜんざう（常住不断）；　○めさましき（目覚しき）　○めつらしや（珍しや）　○いめ（夢）　○ねさめ（寝覚め）；　○ねさめ（寝覚め）　○あこかね（銅）　○おめあね（姉）　○こかね（黄金）　○よね（米）；　○あさどれ（朝凪）　○ぶれしま（群島）；　○おゑちへ（追風）　○こゑたつき（越た月）　○まゑなご（女）

《琉由》（1713）
　しっかりした規範「正書法」を意識した「書き言葉」の資料と考えられる。規範に沿ったように「エ段の仮名」で表記されているが、無意識のうちに「話し言葉」の影響を受けてしまったらしく、「イ段の仮名」で表記されるべきものが「エ段の仮名」に

第4章　短母音の変化

なっているものとその逆の例とが散見される。「アガレ森、イレ村、オレロ」、「マカビ森カネノ御イベ」等がそれに当たろう。それぞれ「アガリ、イリ、オリロ、マカベ～」とあるべきであろう。

<用例>　○アマザケ　○ゲストク嶽　○テダ川嶽　○テリアガリ　○カデシ川　○ソデタレ御嶽　○ヘドノヒヤ　○アマヘ御門　○アシタカ御イベ　○アネベ　○セジアラノ嶽　○セド神　○ゼリカクノ殿　○ミセゼル　○メカルノ嶽　○シメ縄　○ネツハイモト　○ネヅミ　○アガレ森　○イレ村　○オレロ　○ヲレ嶽　○エボシ川　○スヱノ森

これ以前の漢字資料と対照する意味で、18世紀終わりごろの漢字資料《琉訳》の用例を見ることにする。

《琉訳》（1800頃）
多くの場合において、*/e/相当部分に現れる音訳字が、*/i/相当部分にも現れることから、表記のうえでは、両者の区別が無いことがわかる。
故に、音価は両者を包含する意味で、[e]～[i]とする。
*/ke/に対応する部分に「及、其、夾、奇、喀、几、直、雞、街、鳩、著、覚、錦、迎、巾、見」等が現れる。
*/ke/に対応する音訳字の代表例とその音価
　　[kɪ] 几　　　[kɪː] 雞
<用例>　○撒及（さけ、酒）<酒>　○屋掃地煞其（おしうぎざけ、御祝儀酒）<餞酒>　○喀夾喀日（かけかぎ、掛け鈎）<帳鈎>　○奇即禄（けずる、削る）<刮刷劂刵>　○五喀（をけ、桶）<担桶>　○阿几（あけい、亞卿）<亞卿>　○一直密雅骨昔骨（いけみやぐすく、池宮城）<池宮城>　○雞（けい、閨）<閨門>　○街多（けいとう、鶏䳏）<鶏䳏>　○鳩（けふ、今日）<今日>　○著即古多（けふちくたう、夾竹桃）<夾竹桃>　○覚（けん、県）<鄭>　○錦（けん、塤）<塤>（つちぶえ）　○迎直（けんち、硯池）<硯池>　○升巾（しんけん、進顯）<進顯>　○活見（ほつけん、北絹）<絹>

*/ge/に対応する部分に「及、日、其、之、屈、即、結、几、金」等が現れる。
*/ge/に対応する音訳字の代表例とその音価
　　[gɪ] 及　　　[gɪ] 其　　[dzɪ] 之
<用例>　○喀及（かげ、陰）<蔭缺>　○古禄古利及（くろくりげ、黒栗毛）<驪騮>　○阿石日馬（あしげうま、葦毛馬）<驄>　○枋浪其（くらげ、海月）<鮓>　○嗑籃自之（かしらげ、頭毛）<叩頭>　○慚屈（ざんげ、懺悔）<退悔>　○那即武古（なげおく、投げおく）<投>　○不古結及（ぼくげき、木屐）<木屐>　○几（げい、輗）<輗>　○甫禄金（ふるげん、古堅）<古堅>

*/te/に対応する部分に「的、得、底、梯、之、提」等が現れる。
*/te/に対応する音訳字の代表例ととその音価

第4章 短母音の変化

　　　[ti] 的、得、底、梯　　　[tsi] 之　　[ti:] 提
<用例>　○的（て、手）<手>　○阿撒的（あさて、明後日）<後日>　○武得禄（お
　てる、落てる）<跁>　○靴底子（そてつ、(蘇鉄)<鐵樹>　○巴梯呂麻（はてる
　ま、波照間）<波照間>　○亦加亦之（いかいひて、如何言ひて）<怎麼講>　○底
　（てい、蹄）<蹄>　○提就（ていしゆ、亭主）<主>

＊/de/に対応する部分に「的、即、著」等が現れる。
＊/de/に対応する音訳字の代表例とその音価
　　　[di] 的
<用例>　○武的（うで、腕）<臂肱膊肘>　○蘇的（そで、袖）<袖>　○你即的（い
　でて、出でて）<出>　○你著你勿之（いでてみてきて、出でてみて来て）<進去>

＊/pe/に対応する部分に「非、威、一、宜、虚、彪」等が現れる。
＊/pe/に対応する音訳字の代表例ととその音価
　　　[hɪI] 非　　　[çu:]（へう）彪
<用例>　○非（へ、屁）<米費>　○威（うへ、上）<上>　○午一即（うえず、上江
　洲）<上江洲>　○一及宜（いけにへ、生贄）
　　<牲>　○虚安那（へいあんな、平安名）<平安名>　○彪烏（へうを、表を）<表
　章>

＊/be/に対応する部分に「比、必、日、筆、禀」等が現れる。
＊/be/に対応する音訳字の代表例とその音価
　　　[bi] 比　　　[bɪ] 日
<用例>　○那比（なべ、鍋）<鍋釜>　○喀必（かべ、壁）<壁>　○司眉日施（せん
　べつ、餞別）<下程>　○七禄筆（つるべ、釣瓶）<繘>　○禀（べん、弁）<弁
　冕>

＊/se/に対応する部分に「司、些、石、十、席、馭、什、即、昔、息、洗、辰、先、
　審、森」等が現れる。
＊/se/に対応する音訳字の代表例とその音価
　　　[sɪ] 司、些　　　[sɪn]（せん）洗、森　　　[sɪN] 先　　[ʃiN] 審
<用例>　○司眉日施（せんべつ、餞別）<下程>　○些古宜即（せちくにち、節句日）
　　<節>　○石力（せり、芹）<芹>　○十那喀（せなか、背中）<背>　○阿席（あ
　せ、汗）<汗>　○馭（せ、瀬）<瀬>　○什拿發（せなは、瀬名波）<瀬名波>
　○即米（せみ、蟬）<蟬蜩蟧蚻>　○達麻一昔（たまよせ、玉代勢）<玉帯勢>
　○獨木息（ともよせ、友寄）<友寄>　○世洗（せいせん、清泉）<清水山>　○辰
　（せん、萱）<萱>　○先（せん、千）<千>　○審（せん、尖）<尖>　○森那（せ
　んの、千の）<千歳>

第4章 短母音の変化

*/ze/に対応する部分に「支、即、日、及、人、仁」等が現れる。
*/ze/に対応する音訳字の代表例とその音価
　　[dzɪ] 支
<用例>　○<u>支</u>你（ぜに、銭）<鈔>　○喀<u>即</u>（かぜ、風）<風>　○<u>日</u>甲骨（ぜりかく、勢理客）<勢理客>　○一<u>及</u>及（ゐぜき、井堰）<塪>　○三<u>人</u>（さんぜん、賛善）<賛善>　○<u>仁</u>甫（ぜんぶ、膳夫）<膳夫>

*/me/に対応する部分に「米、眉、毎、密、美、維、惟」等が現れる。
*/me/に対応する音訳字の代表例とその音価
　　[mɪ] 米、眉、毎、密、美
<用例>　○<u>米</u>（め、目）<目>　○古<u>眉</u>（こめ、米）<米>　○法日<u>毎</u>（はじめ、初め）<初俶始>　○阿<u>密</u>骨（あめく、天久）<天久>　○喀<u>美</u>（かめ、亀）<龜蔡>　○毛<u>維</u>（もんめ、匁）<銭>　○因<u>惟</u>米之（いめみて、夢見て）<作夢>

*/ne/に対応する部分に「你、泥、認」等が現れる。
*/ne/に対応する音訳字の代表例とその音価
　　[ni] 你、泥
<用例>　○福<u>你</u>宜奴禄（ふねにのる、船に乗る）<上船>　○失六加<u>泥</u>（しろがね、白銀）<酒杯>　○苦<u>認</u>菩（くねんぼ、九年母）<桔梗>

*/re/に対応する部分に「力、里、禮、利、麗、理、例、連、隣」等が現れる。
*/re/に対応する音訳字の代表例とその音価
　　[ri] 力、里、禮、利
<用例>　○古<u>力</u>（これ、此れ）<茲是此斯>　○席答<u>里</u>（すだれ、簾）<簾>　○<u>禮</u>及（れいぎ、礼儀）<拜揖>　○<u>利</u>市（れいし、荔枝）<荔支>　○牙不<u>麗</u>（やぶれ、破れ）<創>　○喀<u>理</u>（かれい、家令、宗令）<宗令>　○<u>例</u>（れい、嶺）<嶺>　○<u>連</u>而（れんじ、蓮枝）<藕合>　○喀即<u>隣</u>（かつれん、勝連）<勝連>

　19世紀に入ると、一部の資料で[e]に近い異音を表記しているものもあるが、ほとんどの場合において、*/e/の音価は[i]であると判断されるようになる。

<19世紀>
《漂録》（1818）
　原則的には、*/e/に対応する部分にはハングルの「i」が現れるが、これとは別にハングルの「ʌ」「ʌi」「ɯi」で表記されているものがある。これについては、多和田（1997）で詳しく論じた（p.83-85）。その結果は、「ʌ」「ʌi」「ɯi」は[ɛ]及び[e]を示している可能性が高く、また[i]あたりまでもカバーしていると考えられるというものであった。
<用例>　○mu-scin-<u>ci</u>-sko（もちていきてこ、持ちて行きて来）　○'i-n<u>ʌi</u>-tsi（い

第 4 章　短母音の変化

ねて、寝ねて）　○si-ri（キセル、khsier）　○ku・mi（こめ、米）　○stʌs（ふてつ、二つ）；　○hu-tɯi（ふで、筆）；　○kan-'ɯi（かぜ、風）；　○'i・nʌi・tsi（いねて、眠）　○tin・'ɯi<tan・'ɯi>（たね、種、陽茎）　○khan・'ɯi（かね、金）　○hu・nɯi（ふね、船）

《クリ》（1818）
　*/e/相当部分は、アルファベットの「i」あるいは「ee」が当てられている。一貫している。
<用例>　○akirree（あけれ、開けよ）　○dakee（竹）　○kee（け、毛）；　○naging（投げる）　○nageeoong（投げる）<Let, to, fall a thing>；○ting（てん、天）　○tee（て、手）　○matee（まて、待て）；　○noodee（のんで、飲んで）　○hoodee（ふで、筆）　○weejee（およいで、泳いで）　○coojee（こいで、漕いで）；　○sing（せん、千）；　○kazzee（かぜ、風）　○kassee（かぜ、風）；　○sheemirree（締めよ）　○mee（目）；　○ninjoong（寝る）　○hannee（羽）

《官話》（19世紀?）
　原則的には「エ段の仮名」で表記されているが、「イ段の仮名」が起こっている。また、同一の語を二様に表記している場合もある。
　　　（例）○メセ（めし、飯）　○ミシ（めし、飯）　○コミ（こめ、米）
　　　（例）○サウメン（さうめん、索麺）　○サウミン（さうめん、索麺）
<用例>　○サケ（さけ、酒）　○ショツケ（しほづけ、塩漬け）；　○アンラアゲクワシ（あぶらあげくわし、油揚げ菓子）　○マゲル（まげる、曲げる）；　○テイ（て、手）　○シテミテミシ（すてめてめし、朝飯）　○カステラ（かすてら、Pão de Castella、鶏蛋糕）；　○ダデル（だれる、垂れる）</d/と/r/との問題あり>；　○ハダヱ（はだへ、膚）　○マイハ（まへば、前歯）　○ショビン（せうべん、小便）　○リヤビン（だいべん、大便）　○ノビル（のべる、伸）　○ノベル（のべる、伸）；　○センチョ（せんきゆう、川芎）　○アシ（あせ、汗）；　○メシ（めし、飯）　○メセ（めし、飯）；　○メ（め、目）　○メイ（め、目）　○メシ（めし、飯）　○ツメ（つめ、爪）　○サウメン（さうめん、索麺）；　○サウミン（さうめん、索麺）　○ミシ（めし、飯）　○アヲマミ（あをまめ、青豆、緑豆）　○コミ（こめ、米）；　○ナガニボネ（ながねぼぼね、長峰骨、腰肋）　○ムネグキ（むねぐち、胸口）　○イネムメ（いねもみ、稲籾）；　○イリカン（いれがみ、入れ髪）

《沖話》（1880）
　*/e/相当部分には、「イ段の仮名」及びアルファベットの「i」が対応している（連母音は融合している）。
　例外的存在としての「ハベル。haberu（はべる、てふ、蝶）」が収録されている。
<用例>　○チートゥ chītu（けいとう、鶏頭、鶏冠）　○チーチェー chīchē（けしきは、景色は）；　○ツギ tsigi（つげ、黄楊）　○マツギ matsigi（まつげ、睫）；

75

第4章　短母音の変化

　　○カヂ kaji（かげ、陰）　○ジタ jita（げた、下駄）；○テー tī（て、手）

　　○アサテ asati（あさて、明後日）；○ウデ udi（うで、腕）　○フデ fudi（ふで、筆）；○ナービ nabi（なべ、鍋）　○ユービ yūbi（ゆふべ、夕べ、昨夜）　○ワラビ warabi（わらべ、童、幼兒）　○ハベル。haberu（はべる、てふ、蝶）；○シンズ shinzu（せんぞ、先祖）　○サンシン sanshin（さんせん、三線、三味線）　○ジン zin（ぜん、膳）　○カヂ kazi（かぜ、風）；○アミ ami（あめ、雨）　○カーミー kāmī（かめ、龜）　○ツミ tsimi（つめ、爪）；○イチニン ichinin（いちねん、一年）　○ンニ nni（いね、稲）　○ハニ hani（はね、羽）；○アラリ arari（あられ、霰）　○クリ kuri（これ、此れ）

《チェン》（1895）
　統一的に、*/e/にはアルファベットの「i」が対応している。
<用例>　○kitchi（けりて、蹴りて、蹴って）　○waki（わけ、訳）；○jita（げた、下駄）　○Fiji（ひげ、鬚）；○tinchi（てんき、天気）　○hajimiti（はじめて、初めて）；○fin（へん、辺）　○fintō（へんたふ、返答）；○sanshing（さんせん、三線、三弦、三味線）　○mishiti（みせて、見せて）；○zin-zing（ぜんぜん、漸漸）　○kazi（かぜ、風）；○ami（あめ、雨）　○hajimiti（はじめて、初めて）；○nitsi（ねつ、熱）　○huni（ふね、舟）　○Nni（むね、胸）；○Kuri（これ、之）　○furimung（ふれもの、狂れ者）

<20世紀>
《沖辞》（1963）
　音価は[i]である。
<用例>　○saki（さけ、酒）　○'uuki（をけ、桶）；○maçigi（まつげ、睫）　○kaagi（かげ、陰）；○zita（げた、下駄、表付きの下駄）　○ziŋkwaŋ（げんくわん、玄關）；○hwizi（ひげ、鬚）；○tira（てら、寺）　○tiɴci（てんき、天気）　○ʔasati（あさて、明後日）；○ʔudi（うで、腕）　○hudi（ふで、筆）；○hwiira（へら、篦）；○bintoo（べんたう、弁当）　○naabi（なべ、鍋）　○'warabi（わらべ、童、幼兒）；○siɴzu（せんぞ、先祖）　○saɴsiɴ（さんせん、三線、三味線）　○husizi（ふせぎ、防ぎ）；○ʔuziɴ（おぜん、御膳）　○kazi（かぜ、風）　○ziɴ（ぜに、銭）；○ʔami（あめ、雨）　○soomiɴ（さうめん、素麺）　○çimi（つめ、爪）；○ʔiciniɴ（いちねん、一年）　○ʔɴni（いね、稲）　○sini（すね、脛）　○hani（はね、羽）　○'ɴni（むね、胸）；○kuri（これ、此れ）　○ʔuri（それ、其れ）

現代語（1970年代）
　音価は[i]である。

第4章　短母音の変化

<用例>　○ɸiʃiʃi (けしき、景色)　○tuʃi: (とけい、時計)　○maʃigi (まつげ、睫)；　○ka:gi (かげ、陰)　○ʥita (げた、下駄)；　○çiʥi (ひげ、髭)；　○ti: (て、手)　○tira (てら、寺)　○tinʃi (てんき、天気)　○ʔasati (あさて、明後日)；　○ʔudi (うで、腕)　○ɸudi (ふで、筆)；　○na:bi (なべ、鍋)　○ju:bi (ゆふべ、夕べ、昨夜)　○warabi (わらべ、童、幼児)；　○ʃinʥu (せんぞ、先祖)　○sanʃin (さんせん、三線、三味線)　○ɸuʃiʃi (ふせぎ、防ぎ)；　○ʥin (ぜん、膳)　○ka ʥi (かぜ、風)；　○ʔami (あめ、雨)　○so:min (さうめん、素麺)　○ʃimi (つめ、爪)；　○ʔiʃinin (いちねん、一年)　○ʔnni (いね、稲)　○ʃini (すね、脛)　○hani (はね、羽)　○nni (むね、胸)　○ʔarari (あられ、霰)　○kuri (これ、此れ)

2、*／o／の変化

これについても「短母音」の「三母音化」として取り上げられてきたことは、*/e/のところで述べたことと同様である。その要点は、以下のようである。

　伊波普猷(1930) (1933) (1974) (前述。→*/e/)
　外間守善(1971) (前述。→*/e/)
　中本正智 (1990) (前述。→*/e/)

　高橋俊三(1991)
　(『おもろさうし』のオ段音とウ段音の仮名の混用例)「これら仮名の混在は、「あそび」を除いて、母音の混同によるものである。従って、多くの語において、特にヤ行音の語において、母音 o が u になりつつあったことを示している」(p.118)

　柳田征司(1993)
　「オ段音とウ段音との動揺は、室町時代の本土のことばにおいても起きていたのであって、それを見た目からすると、『おもろさうし』のそれもこれに共通する現象とみてよいのではないかと思われる。即ち、オ段音とウ段音とはいまだ合一化していないものとみてよいのではないかと思われる」(p.1035)

　多和田眞一郎(1997)
　(「語音翻訳」(1501)において)「ハングルの「u」で表記されたものは、それと同じ [u] としてよいが、「o」で表記されたものについては、一考の要があろう。/o/から/u/への変化過程にあると考えられるから、もとの [o] より [u] に近付いた音であったと言えよう」(p.39)

　オ段音がウ段音に変化した原因について、中本 (1976) の要点をまとめると、次のようになる。(p.99-100)

第4章　短母音の変化

1) eとoは、広母音のaと狭母音i・uの中間的広さに位置して、いつの時代にも比較的不安定であり、狭い母音の方向へと変化する傾向のある副次的母音である。
2) 3母音への変化が円滑に実現される状況を醸成したのは、連母音の融合によってɔːが発生して、oの周辺に音声上の類似母音が増加したことにあると考えられる。

つまり、融合母音ɔːが発生したため、oはɔとの衝突を避けるためuに移行したことになるとする。

これを補って柳田(1993)では、次のように原因を纏める。(p. 1018)

(1) 古くオ段音とウ段音とが相互に「交替」することがある。
(2) 語中の(ア)ワ行のuoがuに変化する動きがある。
(3) オ段開長音ɔːが音韻として確立したために、オ段開合長音を区別する必要から、合長音がウ段音にむかって狭まる動きが生じ、これにひかれてオ段音がウ段音に動いた。
(4) 「扇グ」などのように、auが開長音化する過程でaoでとどまっていた語があり、そのためu・o両形でゆれている語があった。
(5) 対照的位置にある半広母音エ段音がイ段音に動いたため、右の(1)から(4)によって起きていたところのオ段音がウ段音にむかって動く傾向が、完全に実現することとなった。

その三母音化の原因については、異論はない。問題になるのは、*/e/と同様、その変化の時期である。分析の結果は、以下のようである。大勢として、16世紀前半には/u/に転じていたと考えられる。

<表12>＊／o／の変化

	ko	go	to	do	po	bo	so	zo	mo	no	ro
15世紀以前	ko	go	to	do	po	bo	so	zo	mo	no	ro
翻訳(1501)	ko	go	tu	do	po	bo	su	zu	mo	no	ro
碑文(玉殿)(1501)	ko	go	tu	do	po	bo	su	zu	mo	no	ro
琉館(16c前半)	ku	gu	tu	du	hwu	bu	su	zu	mu	nu	ru
碑文(石東)(1522)	ku	gu	tu	du	hwu	bu	su	zu	mu	nu	ru
碑文(石西)(1522)	ku	gu	tu	du	hwu	bu	su	zu	mu	nu	ru
田名1(1523)	ku	gu	tu	du	hwu	bu	su	zu	mu	nu	ru
碑文(崇寺)(1527)	ku	gu	tu	du	hwu	bu	su	zu	mu	nu	ru
おも1(1531)	ku	gu	tu	du	hwu	bu	su	zu	mu	nu	ru

第4章 短母音の変化

陳使(1534)	ku	gu	tu	du	hwu	bu	su	zu	mu	nu	ru
田名2(1536)	ku	gu	tu	du	hwu	bu	su	zu	mu	nu	ru
田名3(1537)	ku	gu	tu	du	hwu	bu	su	zu	mu	nu	ru
田名4(1541)	ku	gu	tu	du	hwu	bu	su	zu	mu	nu	ru
碑文(かた)(1543)	ku	gu	tu	du	hwu	bu	su	zu	mu	nu	ru
田名5(1545)	ku	gu	tu	du	hwu	bu	su	zu	mu	nu	ru
碑文(添門)(1546)	ku	gu	tu	du	hwu	bu	su	zu	mu	nu	ru
田名6(1551)	ku	gu	tu	du	hwu	bu	su	zu	mu	nu	ru
碑文(やら)(1554)	ku	gu	tu	du	hwu	bu	su	zu	mu	nu	ru
田名7(1560)	ku	gu	tu	du	hwu	bu	su	zu	mu	nu	ru
郭使(1561)	ku	gu	tu	du	hwu	bu	su	zu	mu	nu	ru
田名8(1562)	ku	gu	tu	du	hwu	bu	su	zu	mu	nu	ru
田名9(1563)	ku	gu	tu	du	hwu	bu	su	zu	mu	nu	ru
音字(1572頃)	ku	gu	tu	du	hwu	bu	su	zu	mu	nu	ru
蕭使(1579)	ku	gu	tu	du	hwu	bu	su	zu	mu	nu	ru
田名10(1593)	ku	gu	tu	du	hwu	bu	su	zu	mu	nu	ru
碑文(浦城)(1597)	ku	gu	tu	du	hwu	bu	su	zu	mu	nu	ru
田名11(1606)	ku	gu	tu	du	hwu	bu	su	zu	mu	nu	ru
夏使(1606)	ku	gu	tu	du	hwu	bu	su	zu	mu	nu	ru
おも2(1613)	ku	gu	tu	du	hwu	bu	su	zu	mu	nu	ru
碑文(よう)(1620)	ku	gu	tu	du	hwu	bu	su	zu	mu	nu	ru
おも3(1623)	ku	gu	tu	du	hwu	bu	su	zu	mu	nu	ru
碑文(本山)(1624)	ku	gu	tu	du	hwu	bu	su	zu	mu	nu	ru
田名12(1627)	ku	gu	tu	du	hwu	bu	su	zu	mu	nu	ru
田名13(1628)	ku	gu	tu	du	hwu	bu	su	zu	mu	nu	ru
田名14(1631)	ku	gu	tu	du	hwu	bu	su	zu	mu	nu	ru
田名15(1634)	ku	gu	tu	du	hwu	bu	su	zu	mu	nu	ru
田名16(1660)	ku	gu	tu	du	hwu	bu	su	zu	mu	nu	ru
仲里(1703頃)	ku	gu	tu	du	hwu	bu	su	zu	mu	nu	ru
混験(1711)	ku	gu	tu	du	hwu	bu	su	zu	mu	nu	ru
琉由(1713)	ku	gu	tu	du	hwu	bu	su	zu	mu	nu	ru
中信(1721)	ku	gu	tu	du	hwu	bu	su	zu	mu	nu	ru

第4章 短母音の変化

琉見(1764)	ku	gu	tu	du	hwu	bu	su	zu	mu	nu	ru
琉訳(1800頃)	ku	gu	tu	du	hwu	bu	su	zu	mu	nu	ru
漂(1818)	ku	gu	tu	du	hu	bu	su	zu	mu	nu	ru
クリ(1818)	ku	gu	tu	du	hu	bu	su	zu	mu	nu	ru
官話(19c?)	ku	gu	tu	du	hu	bu	su	zu	mu	nu	ru
沖話(1880)	ku	gu	tu	du	hu	bu	su	zu	mu	nu	ru
チェン(1895)	ku	gu	tu	du	hu	bu	su	zu	mu	nu	ru
沖辞(1963)	ku	gu	tu	du	hu	bu	su	zu	mu	nu	ru
現代語(1970代)	ku	gu	tu	du	hu	bu	su	zu	mu	nu	ru

　/e/の場合と同じように、/o/についても、代表的資料を参照しながら、流れの大筋を見ていくことにしよう。

＜16世紀＞
《翻訳》(1501)
　ハングルの「o」「u」で表記されている。*/e/のように複雑ではないが、単純というわけにもいかない。用例参照。
　/u/に対応するハングルの「o」の例があり、逆に/o/に対応するハングルの「u」の例もある。
用例を見てみよう。

　　*/u/に対応する「o」の例
　　　○pha-'o-ki（はうき、箒）　○mo-si-ro（むしろ、筵）　○'i-no（いぬ、犬）
　　*/o/に対応する「u」の例
　　　○ku-co（こぞ、去年）　○ku-tu-si（ことし、今年）　○ku-mi-ci（こみち、小道）
　　　○ku-ru-sa（くろさ、黒さ）　○thu-ri（とり、鳥、鶏）　○mo-si-ru（むしろ、筵）
　　　○si-ru-sa（しろさ、白さ）

　以上のように、「語音翻訳」に見る限りにおいて、当時の沖縄語では/o/と/u/とを区別しなくなっていた、区別できなくなっていたと判断できる。
　さらに、次のような例もあり、このことを裏付ける。
　　　　　　　　　　○'o-'oa（豚）　　○'u-'oa（豚）
　　　　　　　　　　○phi-chju（人）　○phi-cjo（人）
同じ「豚」が[owa]とも[uwa]とも発音されていた（「ハングルの耳」にはそのように把握された）のであり、同じ「人」が言語音としては[piʃu][piʃo]両様に具現化していたということである。
　他の用例を見ておこう。
ハングルの「o」で表記された例
　　　○'o-pu-mi-ci（おほみち、大道）　○ma-si-'o（ましお、真塩）　○tho-'o-ri（とほ

80

第4章　短母音の変化

り、通）　○ku-co（こぞ、去年)　○ko-mi（こめ、米)　○kho-sjo（こせう、胡椒)　○to-'u（どう、ドウ)　○ki-mo-ro<no>（きもの、胆の)　○phu-ra<na>-mo-to（ふなもと、船元)　○ku-mo-ti（くもりて、雲りて)　○'jo-ta-sa（よたさ、良たさ)
ハングルの「u」で表記された例
　○'i-'u（いを、魚)　○'o-pu-si（おほし、多し)　○'o-pu-mi-ci（おほみち、大道)　○ku-co（こぞ、去年)　○ku-tu-si（ことし、今年)　○ku-mi-ci（こみち、小道)　○ku-ru-sa（くろさ、黒さ)　○thu-ri（とり、鳥、鶏)　○mo-si-ru（むしろ、莚)　○si-ru-sa（しろさ、白さ)

次に、仮名資料について考える。

「オ段の仮名」で表記されていて、「ウ段の仮名」との混用も見られない。
<用例>　○きこゑ大きみの　○このところに；　○こゑく（越来)；　○このところに　○とよみくすく（豊見城)；　○よそひおとん（よそひ御殿)；　○そむく人あらは（背く人あらば)　○よそひおとん（世襲ひ御殿)；　○おとちとのもいかね（おとちとの思い金)　○おもひふたかね（思ひ二金？)；　○のちに（後に)　○きこゑ大きみの（聞得大君の)；　○このところに（この所に)　○まさふろかね（真三郎金)；　○よそひおとん（世襲ひ御殿)　○しよりの御ミ事（首里の御み事)；　○てんにあをき（天に仰ぎ)

16世紀の仮名資料に関しては、《碑文（玉殿）》(1501)で見たように、「オ段の仮名」で表記されていて、「ウ段の仮名」との混用も見られない。
　以下、《碑文（石東）》(1522)、《碑文（石西）》(1522)、《田名1》(1523)、《碑文（崇寺）》(1527)、《おも1》(1531)、《田名2》(1536)、《田名3》(1537)、《田名4》(1541)、《碑文（かた）》(1543)、《田名5》(1545)、《碑文（添門）》(1546)、《田名6》(1551)、《碑文（やら）》(1554)、《田名7》(1560)、《田名8》(1562)、《田名9》(1563)、《田名10》(1593)、《碑文（浦城）》(1597)　全てそのようである。

<17世紀>
　17世紀に入っても、この様相は続く。
　《田名11》(1606)、《おも2》(1613)、《碑文（よう）》(1620)、《碑文（本山）》(1624)、《田名12》(1627)、《田名13》(1628)、《田名14》(1631)、《田名15》(1634)、《田名16》(1660)　皆、同じである。

　ところが、《おも3》(1623)が違う現われを見せる。基本的に「オ段の仮名」で表記されているが、「ウ段の仮名」との混用が見出されるのである。

第4章　短母音の変化

《おも3》(1623)
「ウ段の仮名」で表記された例
　○あうらちへ＜煽らして＞（○あおらちへ＜煽らして＞）　○みかう＜御顔＞（かほ、かお、かう）　○なうちへ＜直して＞（なほ、なお、なう）　○とうさ＜遠さ＞（とほさ）　○とう＜十＞の（とをの）　○おむうな＜思うな＞　○むゝよみの（百読みの）　○ゆろい＜鎧＞　○ゆかるなかくすく（良かる中城）　○ゆらせ（寄らせ）　○ゆと（淀）　○あゆ（肝）　○よるい＜鎧＞
※「みかう＜御顔＞」に対して「みかお＜御顔＞　みかおう＜御顔＞　みかを＜御顔＞」もある。
※「ゆと（淀）」に対して「よと（淀）」、「あゆ（肝）」に対して「あよ（肝）」もある。

　これはどういうことか。前述したように、規範を重んじる辞令文書と碑文との「書き言葉」的なものと、唱えられたものを記録した（音声言語を記録した『おもろさうし』の）「話し言葉」的なものとの違いが現れたのであり、更に言えば、「1709年11月原本焼失。1710年7月再編」も影響しているのではないかと考えられる。詳しくは述べないが、再編時の、18世紀初めの言語が反映された可能性が高いと思われる。

　「オ段の仮名」で表記された用例も示しておこう。

「オ段の仮名」で表記された例
　○こかね（黄金）　○こゝろ（心）　○たこ（蛸）；　○こゑくは（越来は）　○ごるくあやみやに（越来綾庭に）　○ことく（如く）；　○とき（時）　○とし（年）　○ひとり（一人）　○いと（糸）；　○せんとう（船頭）　○まとうさ（間遠さ）　○まどおさ（間遠さ）　○もとれ（戻れ）　○もどて（戻て）＜戻って＞；　○ほうふくろに（帆袋に）　○ほうばな（穂花）　○ほこり（誇り、慶り）　○しほの（塩の）；　○あかぼしや（赤星や）　○みやりぼしや（見遣り欲しや）　○ぎぼくびり（儀保小坂）　○のほて（上て）＜上って＞　○のぼて（上て）＜上って＞；　○そて（袖）　○そろて（揃て）＜揃って＞；　○もとれ（戻れ）　○おもい（思い）　○きも（肝）　○くも（雲）；　○のる（乗る）　○みもの（見物）；　○おろくよこたけに（小禄横嶽に）　○くろがねのこらか（黒金の子等が）　○こゝろ（こころ）

　先に「18世紀初めの言語が反映された可能性が高い」と述べたのには、次のような背景がある。18世紀の仮名資料の状況がそれである。

＜18世紀の仮名資料＞
《仲里》(1703頃) の例から始めよう。
　原則的には「オ段の仮名」で表記されているが、「オ段の仮名」であるべきところに「ウ段の仮名」が当てられていることがある。*/o/が*/u/に移行していたことを物語る。これは、*/u/の音価が[o]等であったということを意味するのではない。漢字資料

第 4 章　短母音の変化

がそのことを示している。*/o/ の音価が */u/ のそれと同じになっていた、即ち [u] になっていたということである。

「ウ段の仮名」で表記された例
　○くめて（こめて、込めて）　○てぐいの（てごひの、手乞ひの）；　○ほさつのふ（ぼさつのほ、菩薩の穂）　○なふす（なほす、直す）；　○安谷屋つぶ（あだにやつぼ、安谷屋壷）；　○みまふやうちへ（みまもりやうちへ、見守りやうちへ）　○酒むり（さけもり、酒盛り）；　○そるいて（揃いて）　○どる（どろ、泥）

「オ段の仮名」で表記された用例も示しておこう。

「オ段の仮名」で表記された例
　○ここし（小腰）　○こころ生（心生まれ、立派に生まれ）　○こがねぐち（黄金口、港の美称）；　○かねまごと（かね真言）　○なごなごと（和なごと、和やかに）；　○とこゑ（十声）　○みなとかしら（港頭）；　○どる（泥）　○みやがどまい（みやが泊い）；　○ほこらしや（誇らしや）　○ほくれ（誇れ）；　○ほさつのふ（菩薩の穂）　○おたぼいめしよわれ（御給い召しよわれ）；　○門もり（門守）　○かなもり（金杜）；　○のだてる（宣立てる）　○のろちかい（神女誓い）；　○くろいし森（黒石森）　○こころ（心）；　○よがほう（世果報）　○よね（米、雨粒、砂）；　○をなが（尾長）　○なをや（何）

《混験》（1711）
　《仲里》と同じく、原則的には「オ段の仮名」で表記されているが、「オ段の仮名」であるべきところに「ウ段の仮名」が当てられていることがある。

「ウ段の仮名」で表記された例
　○みすか言（みそか言、密言）　○くぶ（蜘蛛、くも）　○むむじり（ももじり、桃尻）＜「やまもも（楊梅、山桃）」の例あり＞　○さへむ（さへも）

「オ段の仮名」で表記された例
　○こかね（黄金）　○こぞ（去年）　○いしらこ（石）；　○ごま（胡麻）　○いしなこ（石）　○つこもり（晦日）；　○とももそ（十百人）　○うゐとぢ（初婦）　○おこと（御言葉）　○ことし（今年）；　○どまんくい（周章まぐり）　○あけどま（明日）　○あさどれ（朝凪）　○よとむ（淀む）；　○ほこ（鋒）　○おほね（大根）　○しほからさ（醎さ）；　○おぼい（水）　○こぼるる（溢るる）　○まほろし（幻）；　○そそ（裾）　○そだて（育て）；　○こぞ（去年）　○ゑぞこ（船）；　○もだい（悶い）　○ももそ（百人）　○おもひなかす（思ひ流す）　○やまもも（楊梅、山桃）；　○のり（絹粥）　○のろふ（呪ふ）；　○あけもとろのはな（早朝花）　○おとろかす（驚かす）　○しろかね（錫）　○まほろし（幻）；　○よどむ（淀む）　○よね（米）

83

第4章　短母音の変化

　　○よべ（夕部）　○きよらさ（清らさ）；　○をつてい（一昨日）　○をとけもの（放広者）　○をり（居り）

《琉由》（1713）
　基本的には「オ段の仮名」で表記されるが、「オ段の仮名」で表記されるべきものが、「ウ段の仮名」で表記されている例が見られる。条件、理由等《仲里》《混験》に準じる。

「ウ段の仮名」で表記された例
　　○ヨクツナノ嶽　　（よこつなのたけ、横綱の嶽？）
　　○スグロクノ嶽　　（すごろくの嶽）
　　○島ナフシ（島なほし）　○年ナフリ（年なほり）
　　○イヌリノ嶽　　　（いのりの嶽）

「オ段の仮名」で表記された例
　　○コガネ九年母　○コシアテ森　○君ホコリ；　○アナゴ姥　○石ダゴノ御イベ　○神アヤゴ　○ナゴノ殿；　○トマリ御待所　○豊見トモソヘ豊見キナキ　○イトサケノ嶽　○オモトアルジ；　○祈願立ホドキ　○シマネドミ　○マフンドノ；　○ホバナ嶽　○イホ崎　君ホコリ；　○オボルコウ屋敷　○氷ボト漬　○サシボ　○ノボリ；　○ソコモリノ御イベ　○ソノヒヤブ御嶽　　○イソヅカサ　○フカソコ嶽；　○アマミゾ嶽　○イゾミガナシ；　○モチヅキ　○オモロ　○田イモ；　○ノケンノ殿　○ノダテゴト　○ノボリ　　○ノマイ物　○ノロ；　○ソノヒヤブ　○トノ；　○オモロ　○クロガネ；　○ヲカ御嶽　○ヲシアゲ森　○下ゴヲリ　○浜ヲギ

　以上、18世紀までの仮名資料について見てきた。次に、漢字資料について考える。

<18世紀の漢字資料>
　漢字資料については、*/e/の場合と同様、《琉館》以下の漢字資料｛《陳使》（1534）、《郭使》（1561）、《音字》（1572頃）、《蕭使》（1579）、《夏使》（1606）、《中信》（1721）、《琉見》（1764）｝において、*/o/相当部分と*/u/相当部分とに同じ音訳字が現れることが多い。

　ここでは、代表例として《中信》（1721）を取り上げる。

《中信》（1721）
　/o/相当部分と/u/相当部分とに同一の音訳字の現れる頻度が高い。前述したごとく、*/o/が*/u/に移行していたことを物語る。これは、*/u/の音価が[o]等であったということを意味するのではない。音訳字の「古辞書類の音」を見ると、*/o/の音価が*/u/のそれと同じになっていた、即ち[u]になっていたということがわかる。
　*/ko/に対応する部分に「噶、可、科、過、各、括、曲、梗、克、哥、窟、古、姑、

84

第4章　短母音の変化

孤、枯、谷、哭、嚧、沽、脚、古、誇」等が現れる。
 　*/ko/に対応する音訳字とその音価
　　　[ko] 噶、可、科、過、各、括、曲、梗、克、哥　　[ku] 窟、古、姑、孤、枯、
　　　谷、哭、嚧、沽、脚、古　　　[kwa] 誇
　　　[o]は、[u]と[o]との間の音声である。
<用例>　○噶喀泥（こがね、黄金）　○可木（こめ、米）　○科過磣子（ここのつ、九つ）　○科過磣子（ここのつ、九つ）　○活各力（ほこり、埃、灰）　○括（こ、こら、子、子等）　○曲尸（こし、腰）　○客梗（くこ、枸杞）　○克搭里（こだらひ、小盥）　○哥八（はこ、箱）（音訳字逆転）　○窟之（こち、東）　○之搭之哭古魯（ついたちここの（か））、初九日）　○母姑（むこ、婿）　○塔八孤（たばこ、煙草）　○枯軋膩（こがね、黄金）　○谷亦里（こほり、氷）　○之搭之哭古魯（ついたちこの（か））、初九日）　○嚧什的（こしあて、腰当）　○由(ママ)沽辣舎（ほこらさ、誇）　○孔加泥麻佳里（こがねまかり、金碗）　○倭眉脚都司墨（おみことすみ、御御言墨）　○福法古（ふばこ、文箱）　○誇（こ、子）

「科、窟、枯、谷、哭、沽」は*/ku/にも現れる。
　○科必（くび、首）　○窟磣喀膩（くろがね、鉄）　○枯木（くも、雲）　○谷殺（くさ、草）　○哭羅雞（くろき、黒木）　○沽（く、来）

*/go/に対応する部分に「噶、荷、唔、古、姑、吾、谷、歸」等が現れる。
*/go/に対応する音訳字とその音価
　　　[go] 噶、荷　　　[gu] 古、姑、吾、谷
*/gu/と共通の音訳字、なし。
<用例>　○姆馬噶（おまご、御孫）　○古袓（ごじふ、五十）　○姑泥子（ごにち、五日）　○吾買毎（ごもんめ、五匁）　○谷多（ごどう、梧桐）

*/to/に対応する部分に「拖、多、度、抵、吐、都、土、宅、周、禿、忒、朶」等が現れる。
　*/to/に対応する音訳字とその音価
　　　[to] 拖、多、度　　　[tu] 抵、吐、都、土、宅、忒　　　[tʃu] 周
<用例>　○拖厨（とじ、妻）　○多式（とし、年）　○密乃度（みなと、港）　○抵子密之（とぢみちて、閉満）　○吐吉（とき、時）　○速都密的（つとめて、夙めて）　○土拉（とら、虎）　○速圖塔枚（つとめて、早朝）　○宅喇（とら、虎）　○失忒（すと、畚箕）；　○亦周（いと、絹）

「多、都」は*/tu/にも現れる。
　○那多乜（なつめ、棗）　○達都（たつ、龍）

*/do/に対応する部分に「札、多、都、圖、獨」等が現れる。

第4章　短母音の変化

　　*/do/に対応する音訳字とその音価
　　　　［dʊ］札、多　　　［du］都、圖、獨
　　*/du/と共通の音訳字、なし。
＜用例＞　○閑札古（ねどこ、寝床）　○由門多里（よもどり、雀）　○馬都（まど、窓）
　　　　○謾圖（まど、暇）　○耶獨（やど、宿）

　　*/po/に対応する部分に「火、賀、活、夫、布、哭、呼」等が現れる。
　　*/po/に対応する音訳字とその音価
　　　　［ho］火、賀、活　　　［ɸu］夫、布、哭、(ほう) 呼
　　*/pu/と共通の音訳字、なし。
＜用例＞　○屋火殺（おほさ、多さ）　○賀的（ほでり、稲妻、電）　○活各力（ほこり、
　　　　埃）　○夫失（ほし、星）　○什布喀殺（しほからさ、塩辛）　○哭素（ほぞ、臍）
　　　　○呼窩（ほうわう、鳳凰）

　　*/bo/に対応する部分に「唔、菩、帽、毛」が現れる。
　　*/bo/に対応する音訳字とその音価
　　　　［bu］唔、菩　　　［boː］(ぼう) 帽、毛
＜用例＞　○之唔（つぼ、壺）　○菩薩豁那（ぼさつばな、菩薩花、扶桑花）　○紗帽（し
　　　　やぼう、紗帽）　○毛疽（ぼうし、帽子）

　「唔」は*/bu/にも現れる。
　　　○阿唔打（あぶら、油）

　　*/so/に対応する部分に「靴、沙、山、思」が現れる。
　　*/so/に対応する音訳字とその音価
　　　　［sʊ］靴、沙、山、思
＜用例＞　○靴底子（そてつ、蘇鉄）　○彌沙（みそ、味噌）　○山姆盤（そろばん、算
　　　　盤）　○亂思古苔（らふそくだい、蝋燭台）

　「靴、思」は*/su/にも現れる。
　　○靴羅買（すらまへ、父前）　○思子里（すずり、硯）

　　*/zo/に対応する部分に「素」が現れる。
　　*/zo/に対応する音訳字とその音価
　　　　［dzʊ］素
　　*/zu/等との共通の音訳字、なし。
＜用例＞　○哭素（ほぞ、臍）

　　*/mo/に対応する部分に「麼、悶、莫、眉、膜、母、木、門、嚤、摩、毛」等が現

第4章　短母音の変化

れる。
　*/mo/に対応する音訳字とその音価
　　　［mo］麼、悶、莫、眉、膜　　　［mu］母、木、門、嘸、摩
<用例>　○什麼子（しよもつ、書物）　○悶都里一其（もどりいき、戻行）　○莫莫拿乃（もものなり、桃実）　○喀甲眉（かかも、下裳）　○膜膜（もも、腿）　○土母（とも、供）　○枯木（くも、雲）　○由門多里（よもどり、雀）　○什嘸（しも、霜）　○一奴摩奴（いのもの、同物）　○答毛里（たもれ、給れ）

「母」は*/mu/にも現れる。
　　○母喇（むら、村）

*/no/に対応する部分に「諾、那、濃、拿、奴、内」等が現れる。
*/no/に対応する音訳字とその音価
　　　［no］諾、那、濃、拿　　　［nu］奴、内
<用例>　○由諾姑（ゆのこ、湯粉）　○貿子那吉（まつのき、松の木）　○叨濃周（たうのひと、唐の人）　○莫莫拿乃（もものなり、桃実）　○吾失祖奴（うしつの、牛角）　○沙四内古（さすのこ、鎖の子）

「奴」は*/nu/にも現れる。
　　○奴羅殺（ぬるさ、温さ）

*/ro/に対応する部分に「羅、魯、六、爐、碌」が現れる。
*/ro/に対応する音訳字とその音価
　　　［ro］羅　　　［ru］魯、六、爐、碌
<用例>　○羅（ろ、櫓）　○石古魯（ざくろ、石榴）　○六姑括子（ろくぐわつ、六月）　○科爐（かうろ、香炉）　○窟碌喀膩（くろがね、鉄）

「羅、六」は*/ru/にも現れる。
　○巴羅（はる、春）　○由六尸（ゆるせ、放せ）

*/jo/に対応する部分に「堉、郁、霞、約、優、有、由、幼、夭」等が現れる。
*/jo/に対応する音訳字とその音価
　　　［ju］堉、郁、霞、約、優、有、由、幼、夭
<用例>　○堉羅（よる、夜）　○郁加（よか、四日）　○霞爽（よき、斧）　○惡牙密即約里（うへみちより、上道より）　○優答殺（よたさ、好さ）　○有（よ、夜）　○由奴奴失（よのぬし、世の主）　○幼羅衣（よろひ、鎧）　○夭子（よつ、四つ）

「堉、有、由」は*/ju/にも現れる。

○灰堉（ふゆ、冬）　○禿有（つゆ、露）　○沙由（しやうゆ、醤油）

＊/wo/に対応する部分に「唔、喂、烏、戸、倭、翁」が現れる。
＊/wo/に対応する音訳字とその音価
　　　[wu] 唔、喂、烏、戸、倭　　　[wuŋ] 翁
<用例>　○唔格（をけ、桶）　○喂媽（をば、伯母・叔母）　○烏乃（をなり、妹）
　　　○戸多（をと、夫）　○倭喀（をか、丘）　○翁吉（をぎ、甘蔗）

<19世紀>
　19世紀の資料でも、[o][u]が異音として出てくるが、資料によっては[u]のみとなる。

《漂録》（1818）
　＊/o/対応部分に、ハングルの「u」または「o」が現れ、音価は[u]～[o]であると考えられる。
<用例>○mu-scin-ci-sko（もちていきてこ、持ちて行きて来）；○'u-koa-chi（ごぐわつ、五月）；　○tu-ri（とり、鳥）　○tu-ma（とま（り））　○scjo（ひと、人）；○ka-ma-tu（カマド ［人名］）　○'u・tu・'i・ri（をどり、をどれ、舞）；　○kun・hwi・pu（くねんぼ、九年母）；　○mu・scin・ci・sko（もちて〜、取来）；　○suk・ku・koa・chi<ruk・ku・koa・chi>（ろくぐわつ、六月）

《クリ》（1818）
　＊/o/対応部分には、原則的にアルファベットの「oo」が対応し、異音的に「o」が出現する。音価は[u]であったと推定できる。
<用例>○cung coo（ここ　こ、此処来）　○cooroom（ころも、衣）○cootooba（ことば、言葉）○cooshee（こし、腰）○coomee（こめ、米）○tabacco（タバコ）；○goo（五）○innago（女）○sheego roocoo（すごろく、双六）；○hotoo（はと、鳩）○kootoo（こと、琴）○twitchee（とき、時）○choo（ひと、人）；○dooroo（どろ、泥）○doonee（どうね、「胴音」　呻き）○doo（ろ、櫓）○fooshee（ほし、星）○foo（ほ、帆）；○sooyoong（そる、剃る）○coosoo（くそ、糞）○soocoo（そこ、底）；○moo（うも、芋）；○noodung（のみてをり、飲んでいる）○nonoo（ぬの、布）

《官話》（19世紀?）
　多く「オ段の仮名」が使用されているが、「ウ段の仮名」との混用著しく、その区別はなかったと判断される。音価は[u]としてよかろう。
<用例>○コシ（こし、腰）○コシザケ（こしざけ、醴し酒）○コミ（こめ、米）○コンダ（こむら、腓）；○カマブク（かまぼこ、蒲鉾）○ソバクヲ（そばこ、蕎麦粉）○モヲク（むこ、婿）；○ウグマ（おごま、御胡麻）○シラゲグミ（しらげごめ、精げ米）○ダアグ（だんご、団子）○モキグミ（もちごめ、糯米）；○トシ（とし、年）

第4章　短母音の変化

○トエ（とり、鳥）；○ホソ（ほぞ、臍）○イ子ノホヲ（いねのほ、稲の穂）○ウホイビ（おほゆび、大指）　○ウホサ（おほさ、多さ）；○ウフグキ（おほぐち、大口）；○コヲリサタウ（こほりさたう（氷砂糖）　○ショイヨ（しほいを、塩魚）　○ショブタ（しほぶた、塩豚）；○シボエハタ（しぼりわた、絞り腸）○ナガニボネ（ながねぼね、長峰骨？、腰肋）；○ウシロクブ（うしろくぼ、後ろ窪）　コブミ（くぼみ、窪み）；○ソバクヲ（そばこ、蕎麦粉）○ミクソ（めくそ、目糞）○ミソズケ（みそづけ、味噌漬）；○モミ（もみ、籾）○モゝ（もも、腿）○モキ（もち、餅）；○ムメ（もみ、籾）；○ノヲルイ（のど、喉）○ノベル（のべる、伸べる）○ヨヲノコ（ゆのこ、湯粉）；○ウシロクブ（うしろくぼ、後ろ窪）○ウシルコブ（うしろくぼ、後ろ窪）○コルマメ（くろまめ、黒豆）

《沖話》（1880）
＊/o/の部分に、「ウ段の仮名」とアルファベットの「u」とが規則的に対応している。音価は[u]である。
＜用例＞クヌ kunu（この、此の）○タク taku（たこ、蛸）○トク tuku（とこ、床）○グイル guiru（ごいろ、五色（ゴシキ））○グトク gutuku（ごとく、五徳、鉎架）

○グブリー guburī（ごぶれい、御無礼）○トチー tuchī（とけい、時計）○トシ tushi（とし、年）○ウト utu（おと、音）○イチユク ichuku（いとこ、従兄弟）○チユ chu（ひと、人）○ドテ duti（どて、土手）○ドル duru（どろ、泥）○フカ fuka（ほか、外）○フシ fushi（ほし、星）○ウフサ ufusa（おほさ、多さ）　○タバクブン tabakubun（たばこぼん、煙草盆）　○ツブ tsibu（つぼ、壺）　○スダテ sudati（そだて、育て）○スデ sudi（そで、袖）○スバ suba（そば、蕎麥）○クズ kuzu（こぞ、去年）○ンジユ nju（みぞ、溝）○ムチ muchi（もち、餅）○ムチ muchi（もち、持ち）○ムゝ mumu（もも、桃）○ンム mmu（うも、いも、芋、甘藷）○クム kumu（くも、雲）○ヌクジリ nukujiri（のこぎり、鋸）○ヌーデー nūdī（のど、喉）○ヌミ numi（のみ、鑿）○ルクグワツ rukugwatsi（ろくぐわつ、六月）○イル iru（いろ、色）○クルチ kuruchi（くろき、黒木）○ドル duru（どろ、泥）

《チェン》（1895）
＊/o/の部分に、アルファベットの「u」が規則的に対応している。音価は[u]である。
＜用例＞○kutu（こと、事）○Kuri（これ、之）○tukuru（ところ、所）○kagu（かご、籠）○tushi-guru（としごろ、年頃）○tuchi（とき、時）○ituma（いとま、暇）○mutu（もと、元）○duttu（どっと、大変）○mudusi（もどせ、戻せ）○fuchi（ほ

第4章　短母音の変化

して、乾して）〇Fushakō（ほしくは、欲しくは）〇suba（そば、傍）〇suti（そりて、剃りて）〇mutu（もと、元）〇mudusi（もどせ、戻せ）〇furimung（ふれもの、狂れ者）〇Nūdɪ（のど、喉）〇numi（のめ、飲め）〇kunu（この、此の）〇tukuru（ところ、所）〇Murunjatu（もろみざと、諸見里）

＜20世紀＞
《沖辞》（1963）
　音価は、[u]である。
　*/po/は「ハ行転呼」後、母音融合を起こす。
＜用例＞〇kuzu（こぞ、去年）〇kunu（この、此の）〇taku（たこ、蛸）〇gutuku（ごとく、五徳、鍊架）〇guburii（ごぶれい、御無礼）〇sigutu（しごと、仕事）〇tuku（とこ、床）〇ʔutu（おと、音）〇duru（どろ、泥）〇kuɴdu（こんど、今度、今年）〇husi（ほし、星）〇ʔuhusaɴ（おほし、多し）〇tabakubuɴ（たばこぼん、煙草盆）〇çibu（つぼ、壺）〇nubujuɴ（のぼる、昇る）〇sudaci（そだち、育ち）〇suba（そば、蕎麥）〇suku（そこ、底）〇kuzu（こぞ、去年）〇siɴzu（せんぞ、先祖）〇muci（もち、餅）〇mumu（もも、股）〇mumu（もも、桃）〇ʔaasimuɴ（あはせもの、袷物）〇munu（もの、物、御飯）〇nunu（ぬの、布）〇rukugwaçi（ろくぐわつ、六月）〇kuruci（くろき、黒木）〇tukuru（ところ、所）〇duru（どろ、泥）

現代語（1970年代）
　音価は、[u]である。
　但し、*/to/で破擦音化と母音の変化の後、前の母音の影響で[ʧi]になった例がある。
　　　〇ʔiʧiku（いとこ、従兄弟）
　*/so/で[ʃi]に対応する例がある。〇ʔuʃiku（おそく、遅く）
　*/po/は「ハ行転呼」後、母音融合を起こす。　〇kuːri（こほり、氷、氷砂糖）
　　　〇tuːsa（とほさ、遠さ）　〇noːʃi（なほして、直して）
＜用例＞〇kuʨu（こぞ、去年）〇taku（たこ、蛸）〇tuku（とこ、床）〇guʔiru（ごいろ、五色）〇gutuku（ごとく、五徳、鍊架）〇ʃiguniʃi（しごにち、四・五日）〇tuʃi（とし、年）〇ʔutu（おと、音）〇duti（どて、土手）〇duru（どろ、泥）〇kundu（こんど、今度）〇ʃiʨujaː（ちどり、千鳥）〇ɸuʃi（ほし、星）〇ʔuɸusa（おほさ、多さ）〇ʔuɸubuni（おほぶね、大船）〇tabakubuɴ（たばこぼん、煙草盆）〇ʧibu（つぼ、壺）〇sudi（そで、袖）〇suba（そば、蕎麥）〇kuʨu（こぞ、去年）〇ʃinʨu（せんぞ、先祖）〇muʧi（もち、餅）〇mumu（もも、股）〇mumu（もも、桃）〇kumu（くも、雲）〇numi（のめ、飲め）〇munu（もの、物、御飯）〇rukugwaʧi（ろくぐわつ、六月）〇ʔukoːru（おかうろ、御香爐）〇kuruʧi（くろき、黒木）〇tukuru（ところ、所）

以上、沖縄語の短母音の*/e/と*/o/との変化過程を見てきた。

第5章 「そへいし」(添石)が「しいし」になるまで
(二重母音の変化)

「はじめに」で述べたように、「そへいし」(添石)と「すす」(煤)とは、変化の結果、同音異義語になった。沖縄語の変化の様相を如実に指し示す好例となる。二つを対照しつつ示すことで、それぞれの変化過程を鮮明に浮き立たせることができる。

『沖縄語辞典』(1963)に、次のようにある。
　　　　　　　ṣiisi◎ (名) 添石。((地))参照。
そして、「沖縄旧行政区画名・島名一覧」を見ると、「中頭－中城間切」とある。

まず、「すす」(煤)の変化について考える。比較的緩やかな変化を遂げた例であるので、これを先に提示したほうが、全体的な理解が容易になると考えられるからである。

繰り返しになるが、記号について再確認しておこう。

「*//」のように示すことで、文献資料の存在する15世紀より前の「想定される古い形」を意味する。即ち、「*/su/」は、もとは「su」であって、それが変化してきたということを述べようとしている。

1) */su/の変化

音韻*/su/の変化過程を跡付ければ、それが「すす(煤)」の移り変わりを映し出すこととなる。

文献資料の存する、1500年前後を起点として、時間を追ってみていくことにする。代表的な用例を示し、それをもとにそれぞれの時期の「音価」(考えられる実際の発音)を推定することになる。

<16世紀>
《翻訳》(1501)
ハングルの「sʌ」で表記されており、これは[sɯ]を示していると考えられる。なぜなら、このころの沖縄語の発音が[su]であったのであれば、ハングルの「su」と表記されていたはずであるからである。(詳しくは、多和田(2010)の「p. 117-118」を参照。)

因みに、[u]は唇を丸めて突き出す発音であり、[ɯ]は唇を突き出しもせず丸めもしない発音である。

<用例>　○sʌ・'u (す、酢、醋)　○sʌ・cʌ・ri (すずり、硯)　○sʌ・mi (すみ、墨)
　　　○ro<no>・ma・sʌ・ra<na> (のますな、飲ますな、不要饋)　○ma・sʌŋ・ko (ますぐ、真直ぐ、平)

第5章 「そへいし」(添石)が「しいし」になるまで

《碑文(玉殿)》(1501)
　音価に関しては、同時期の資料であることから、《翻訳》に準じると考えられる。
＜用例＞　○このす̱ミ見るへし（この墨見るべし）　○この御す̱ゑ（この御末）

《琉館》(16C前半？)
　*/su/に対応する部分に、音訳字「自、舎、思、是、孫、速」が現れる。
＜用例＞　○申自密稿（しんすみかう、速香）　○撒舎（さす、鎖）　○思墨（すみ、墨）
　　　　○是那（すな、砂）　○孫思立（すずり、硯）　○姑速姑（ぐすく、城）
　古辞書類「中原音韻」「東国正韻」「訓蒙字会」「西儒耳目資」をもとに音価推定をすると、「自、舎、思、是」が[si]となり、「孫、速」が[sɯn(ŋ)]となる。

《碑文(石西)》(1522)
　音価に関しては、《翻訳》《琉館》に準じる。
＜用例＞　○此す̱ミのことはハ（此墨の言葉は）　○くす̱く（城）　○世あす̱たへ（世長老部）

《碑文(崇寺)》(1527)
　音価に関しては、《翻訳》《琉館》に準じる。
＜用例＞　○あんしもけす̱も（按司も下司も）

{おも1}(1531)
＜用例＞　○す̱ぐれて（勝れて）　○す̱ゑ（末）　○あす̱ばちへ（遊ばちへ）　○おきなます̱（沖膾）

《陳使》(1534)
　音価に関しては、《翻訳》《琉館》に準じる。
　「烏孫皮」は「あすび」とする。《おも1》に「あすばちへ」とある。ただし、《碑文(かた)》には「御あそひ」とある。
　*/su/に対応する部分に「司、舎、是、思、孫」が現れる。
　*/su/に対応する音訳字とその音価
　　[sɯ]　司　　[si]　舎、是、思　　[sɯm, sɯn]　孫
＜用例＞　○司哇（すはう、蘇芳）　○沙舎奴（さすの、鎖の）　○是那（すな、砂）
　　　　○思墨（すみ墨）　○孫思利（すずり、硯）　○烏孫皮（あすび、遊び）

《碑文(かた)》(1543)
　音価に関しては、《翻訳》《琉館》に準じる。
＜用例＞　○す̱しのミち（筋の道）　○す̱ゝし（涼し）　○きす̱ゝ（宜寿次）

第 5 章 「そへいし」(添石) が「しいし」になるまで

《田名 5》(1545)
　音価に関しては、《翻訳》《琉館》に準じる。
<用例>　○かなく<u>す</u>く（金城）

《碑文 (添門)》(1546)
　音価に関しては、《翻訳》《琉館》に準じると思われるが、「す ゑつき」（添継ぎ）と「そゑつき」（添継ぎ）の例があるので、変化が更に進んだ段階だと言える。
<用例>　○<u>す</u>ゑつきのミ物（添継ぎのみ物）　○御く<u>す</u>くの（御城の）

《碑文 (やら)》(1554)
　音価に関しては、《翻訳》《琉館》に準じる。
<用例>　○かくこ<u>す</u>るへし（恪護するべし）　○とも〻<u>す</u>る（十百末）　○く<u>す</u>くつミつけて（城積みつけて）　○く<u>す</u>くま（城間）　○あんしけ<u>す</u>（按司下司）

《田名 7》(1560)
　音価に関しては、《翻訳》《琉館》に準じる。
<用例>　○とよミく<u>す</u>く（豊見城）（鳴響み城）

《郭使》(1561)
　音価に関しては、《翻訳》《琉館》に準じる。
　*/su/に対応する部分に「司、思、是、息、訟、孫」等が現れる。
　*/su/に対応する音訳字とその音価
　　［si］司、思、是、息　　［siŋ］訟　　［sɯn］孫
<用例>　○<u>司</u>黙（すみ、墨）　○失哇<u>思</u>（しはす、十二月）　○<u>是</u>那（すな、砂）
　　○挿<u>息</u>（さす、鎖）　○馬<u>訟</u>沽（ますぐ、真直）　○<u>孫</u>司利（すずり、硯）

《音字》(1572 頃)
　音価に関しては、《翻訳》《琉館》に準じる。
　*/su/に対応する部分に「司、思、是、訟、孫」等が現れる。
　*/su/に対応する音訳字とその音価
　　［si］司、思、是　　［siŋ］訟　　［sɯ(n)］孫
<用例>　○<u>司</u>哇（すはう、蘇芳）　○失哇<u>思</u>（しはす、十二月）　○<u>是</u>那（すな、砂）
　　○馬<u>訟</u>沽（ますぐ、真直）　○花<u>孫</u>（はす、蓮）

《蕭使》(1579)
　音価に関しては、基本的には《翻訳》《琉館》に準じると考えられるが、*/se/にも*/su/にも同じ音訳字の「司」が現れる。*/se/と*/su/とは同音になっていた可能性がある。
　*/su/相当部分に「司、思、宿、是、息、訟、孫」が現れる。

93

第5章 「そへいし」(添石) が「しいし」になるまで

*/su/に対応する音訳字とその音価
[si] 司、思、宿、是、息　　　[siŋ] 訟　　　[sum] 孫
<用例>　○司黙 (すみ、墨)　○失哇思 (しはす、十二月)　○宿宿枯 (ぐすく、城)　○是那 (すな、砂)　○挿息 (さす、鎖)　○馬訟沽 (ますぐ、真直)　○孫司利 (すずり、硯)

《碑文 (浦城)》(1597)
音価に関しては、《翻訳》《琉館》に準じる。
<用例>　○てたかする (てだが末)　○すゑまさる (末勝る)　○くすく (城)　○あちけす (按司下司)

<17世紀>
《夏使》(1606)
音訳字「司」が、*/si/*/se/*/su/に現れる、また、「尸」は*/si/*/se/に現れている。*/si/*/se/*/su/が似通った音になっていた可能性が高い。
*/su/に対応する部分に「司、思、宿、是、息、訟、孫」等が現れる。
*/su/に対応する音訳字とその音価
[si] 司、思、宿、是、息　　　[siŋ] 訟　　　[sin] 孫
<用例>　○司黙 (すみ、墨)　○失哇思 (しはす、十二月)　○宿宿枯 (ぐすく、城、皇城)　○是那 (すな、砂)　○挿息 (さす、鎖)　○馬訟沽 (ますぐ、真直)　○孫司利 (すずり、硯)

《おも2》(1613)
<用例>　○あすはす (遊ばす)　○する (為る)

《碑文 (よう)》(1620)
<用例>　○すへまさる王にせかなしは (末勝る王仁世加那志は)　○このすミの (この墨の)　○てたかすゑ (テダが末)　○いけくすく (池城)　○たまくすく (玉城)　○世あすたへ (世長老部)

《おも3》(1623)
<用例>　○すくれて (優れて)　○すぐれて (優れて)　○すちゑらひ (筋選び)　○すへ (末)　○する (末)　○すへて (据へて)　○げすからと (下司からと)

《碑文 (本山)》(1624)
<用例>　○御すきりめしよわちや事 (御過ぎり召しよわちや事)　○御すしより (御筋より)　○天きやする (天ぎや末)　○かさり物をする (飾り物を据ゑ)　○世あすたへ (世長老部)

第 5 章　「そへいし」（添石）が「しいし」になるまで

＜18 世紀＞
《仲里》（1703 頃）
　音価は、同時期の漢字資料に準じる。
＜用例＞　○す<u>す</u>なべ（煤鍋）　○て<u>す</u>りよわる（手擦りよわる）

《混験》（1711）
＜用例＞　○<u>す</u>くれ（勝れ）　○<u>す</u>づみ（沐浴）　○<u>す</u>とめて（朝）　○あ<u>す</u>たへ（長老部、三司官）　○おく<u>す</u>り（御酒）　○か<u>す</u>ざい（焼酎の糟）　○て<u>す</u>りあけ（手擦り上げ）　○み<u>す</u>すひ（御硯）　○み<u>す</u>づり（神託）

《琉由》（1713）
　音価は、同時期の漢字資料に準じる。
＜用例＞　○<u>ス</u>キヤアガリ　○<u>ス</u>ヾ御嶽　○<u>ス</u>ミヤ里　○<u>ス</u>エノ森　○御サ<u>ス</u>カ　○ギイ<u>ス</u>嶽　○グ<u>ス</u>ク嶽　○ナ<u>ス</u>ノ嶽　○メイノ<u>ス</u>ミ　○世ア<u>ス</u>タベ　○ワカマツ<u>ス</u>デマツノ御イベ

《中信》（1721）
　*/su/に対応する部分に「細、司、四、子、思、訟、色、心、是、西」等が現れる。
　*/su/に対応する代表的な音訳字とその音価
　　［sɿ］細、司、四、子、思、訟、色、心、是、西
＜用例＞　○<u>細</u>米（すみ、墨）　○<u>司</u>哇（すはう、蘇芳）　○沙<u>四</u>内古（さすのこ、鎖の子）　○動<u>子</u>（どんす、緞子）　○<u>思</u>子里（すずり、硯）　○馬<u>訟</u>沽（ますぐ、真直）　○<u>色</u>莫莫（すもも、李）　○柴<u>心</u>（さす、鎖）　○<u>是</u>挪（すな、砂）　○<u>西</u>米（すみ、墨）

《琉見》（1764）
　*/su/に対応する部分に「西、思、息」等が現れる。
　*/su/に対応する音訳字とその音価
　　［si］西、思、息
＜用例＞　○<u>西</u>米（すみ、墨）　○<u>思</u>密（すみ、墨）　○<u>息</u>子利（すずり、硯）

《琉訳》（1800 頃）
　*/su/に対応する部分に「息、司、思、洗、席、即、昔、石、蘇、觔、時、世、惜、星」等が現れる。
　*/su/に対応する代表的な音訳字とその音価
　　［si］息、司、思、洗
＜用例＞　○<u>息</u>答力（すだれ、簾）＜箔＞　○<u>司</u>哇（すわう、蘇芳）＜蘇木＞　○<u>思</u>眉喀其（すみかき、墨書き）＜寫字＞　○勿<u>洗</u>（うすい、雨水）＜雨水＞　○<u>席</u>答里（すだれ、簾）＜簾＞　○喀<u>即</u>（かす、糟）＜糟粕＞　○<u>昔</u>那必（すなべ、砂辺）＜砂邊＞

95

第5章 「そへいし」(添石) が「しいし」になるまで

　　　　○木米息力武石（もみすりうす、籾擦り臼）＜磨礱＞　○屈蘇里（くすり、薬）＜薬材＞　○凹缸脾（なすび、茄子）＜茄＞　○板時（はぬす、甘藷）＜薯＞　○馬惜（ます、枡）＜筲＞　○牙星即（やすんず、安んず）＜康＞

＜19世紀＞
《漂録》(1818)
＜用例＞　○si-mi（すみ、墨、学問）

《クリ》(1818)
＜用例＞　○sheeoong（する、擦る）　○sinna（すな、砂）　○simmee（すみ、墨）　○sing（すん、寸）　○spootee（すって、吸って）；　○soona（すな、為な）

《官話》(19世紀?)
　/si/相当部分に「シ、セ、ス」が現れる。/su/相当部分に「ス、シ」が現れる。*/si/*/se/*/su/が、同音になっていたらしいことがわかる。[ʃi]であろう。
＜用例＞　○スヱ（す、酢）　○スル（する、擦る）　○スル（する、為る）　○ナアスビ（なすび、茄子）　○ワカス（わかす、沸かす）　○ウヲス（うす、臼）　○カステラ（かすてら、Pão de Castella）；　○ナマシ（なます、膾）　○カシ（かす、粕）　○カス（かす、粕）

《沖話》(1880)
　*/su/相当部分に「ス si」が対応するが、「ス su」の場合もある。
　大筋としては、*/si/と*/se/とが同音で[ʃi]であり、*/su/が[si]で、対立していたことがわかる。
＜用例＞　○スイース sīsi（すす、煤）　○スヾリ siziri（すずり、硯）　○スナ sina（すな、砂）　○スニ sini（すね、脛）　○スミ simi（すみ、墨）　○ウース ūsi（うす、臼）　○グスク gusiku（ぐすく、城）　○ヤスク yasiku（やすく、易く）；　○スヽ susu（すそ、裾）　○スムヽ sumumu（すもも、李）　○スルミ surumi（するめ、鯣）　○シンスイ shinsui（せんすい、泉水）　○クスヌチ kusunuchi（くすのき、樟）
　＜*/si/と*/se/＞
　　○シマ shima（しま、島）　○シム shimu（しも、霜）　○ウシ ushi（うし、牛）　○トシ tushi（とし、年）　○ナシ nashi（なし、梨）；　○シンズ shinzu（せんぞ、先祖）　○シンビー shimbī（せんべい、煎餅）　○サンシン sanshin（さんせん、

第 5 章　「そへいし」(添石) が「しいし」になるまで

　　　三線、三味線）　○フシギ fushigi（ふせぎ、防ぎ）

《チェン》(1895)
　*/su/相当部分に「si」が対応する。発音は[si]である。
<用例>　○sikang（すかぬ、好かぬ）　○sigu ni（すぐに、直に）　○simi（すみ、
　　　済み）　○Nakagusiku（なかぐすく、中城）　　　　　　（「すす」の用例なし）

（対照するために「そ」の例を示してみた。「そ」の発音は[su]である。）
　　○suba（そば、傍）　○suti（そりて、剃りて）　○sū-tītsi（そてつ（蘇鉄）
　　○isuji（いそぎて、急ぎて）

<20 世紀>
《沖辞》(1963)
　*/su/の音価（発音）は[si]である。但し、[su]の場合もある。
<用例>　○ṣiiṣi（すす、煤）　○ṣiziri（すずり、硯）　○ṣina（すな、砂）　○ṣini
　　　（すね、脛）　○ṣimi（すみ、墨）　○ʔuuṣi（うす、臼）　○guṣiku（ぐすく、城）
　　　○taɴṣi（たんす、箪笥）；　○susu（すそ、裾）　○kusunuci（くすのき、樟）

　（参考）siisi ◎（獅子）；　　ṣiisi◎（添石）　ṣiisi①（末吉）；　　ṣiiṣi◎（煤）
　　　　（「si」は[ʃi]、「ṣi」は[si]）（◎は平板アクセント　①は頭高アクセント）

現代語（1970 年代）
*/su/の音価（発音）は[ʃi]である。但し、[su]の場合もある。
<用例>　○ʃi:ʃi（すす、煤）　○ʃidʑiri（すずり、硯）　○ʃina（すな、砂）　○ʃini
　　　（すね、脛）　○ʃimi（すみ、墨）　○ʔu:ʃi（うす、臼）　○guʃiku（ぐすく、城）
　　　○taɴʃi（たんす、箪笥）　○jaʃiku（やすく、易く）；　○susu（すそ、裾）　○sumumu
　　　（すもも、李）　○surumi（するめ、鯣）　○kusunuʃi（くすのき、樟）

*/su/の変化過程のまとめ
　*/su/は、16 世紀初め/sü/ [sɯ]であったものが、17 世紀半ば以降/sï/ [sï]となり、
18 世紀の初めごろから/si/ [si]に変わったと考えられる。それが 19 世紀終りごろ
まで続き、その後/sji/ [ʃi]になった。

<表 13>　*/su/の変化過程
（参考として、*/si/*/se/*/so/も示した。）

	s u	s i	s e	s o
15 世紀以前	su	sji	se	so
翻訳（1501）	sü	sji	sï	su
碑文（玉殿）（1501）	sü	sji	sï	su

第5章　「そへいし」(添石) が「しいし」になるまで

琉館 (16c 前半)	sü	sji	si	su
碑文 (石東) (1522)	sü	sji	si	su
碑文 (石西) (1522)	sü	sji	si	su
田名 1 (1523)	sü	sji	si	su
碑文 (崇寺) (1527)	sü	sji	si	su
おも 1 (1531)	sü	sji	si	su
陳使 (1534)	sü	sji	si	su
田名 2 (1536)	sü	sji	si	su
田名 3 (1537)	sü	sji	si	su
田名 4 (1541)	sü	sji	si	su
碑文 (かた) (1543)	sü	sji	si	su
田名 5 (1545)	sü	sji	si	su
碑文 (添門) (1546)	sü	sji	si	su
田名 6 (1551)	sü	sji	si	su
碑文 (やら) (1554)	sü	sji	si	su
田名 7 (1560)	sü	sji	si	su
郭使 (1561)	sü	sji	si	su
田名 8 (1562)	sü	sji	si	su
田名 9 (1563)	sü	sji	si	su
音字 (1572頃)	sü	sji	si	su
蕭使 (1579)	sü	sji	si	su
田名 10 (1593)	sü	sji	si	su
碑文 (浦城) (1597)	sü	sji	si	su
田名 11 (1606)	sü	sji	si	su
夏使 (1606)	sü	sji	si	su
おも 2 (1613)	sü	sji	si	su
碑文 (よう) (1620)	sï	sji	si	su
おも 3 (1623)	sï	sji	si	su
碑文 (本山) (1624)	sï	sji	si	su
田名 12 (1627)	sï	sji	si	su
田名 13 (1628)	sï	sji	si	su
田名 14 (1631)	sï	sji	si	su
田名 15 (1634)	sï	sji	si	su
田名 16 (1660)	sï	sji	si	su
仲里 (1703頃)	si	sji	si	su
混験 (1711)	si	sji	si	su
琉由 (1713)	si	sji	si	su
中信 (1721)	si	sji	si	su

第 5 章　「そへいし」(添石)が「しいし」になるまで

琉見(1764)	si	sji	si	su
琉訳(1800頃)	si	sji	si	su
漂録(1818)	si	sji	sji	su
クリ(1818)	si	sji	sji	su
官話(19c?)	si	sji	sji	su
沖話(1880)	si	sji	sji	su
チェン(1895)	si	sji	sji	su
沖辞(1963)	si	sji	sji	su
現代語(1970代)	sji	sji	sji	su
/sji/=[ʃi]	/si/=[si]	/sü/=[sɯ]	/sï/=[sɨ]	

現有の資料だけではその変化の全過程をカバーすることはできないが、一般音声学的見地から、(煤)[susu]→[sɯsɯ]→[sɨsɨ]→[si:si]→[ʃi:ʃi]のように変化したと推測される。

2) ＊/sope/の変化

第4章の冒頭で述べたことを復習する。
「そへいし(添石)」の「そへ—」相当部分の変化について考察するのであるが、文献資料としては、「ハ行転呼」終了後のそれとしてしか得られない。その結果、二重母音＊/oe/の変化と重なってくる。(p.61)

＊/oe/は、/o/→/u/、/e/→/i/の変化に応じて/ui/となる。16世紀半ばと推定される。これが18世紀の終りごろから、一部/ii/へと変化する。(p.61)

以上を確認する作業を、以下で行う。

《碑文 (玉殿)》(1501)
　融合していない。但し、＊/e/が/i/に、＊/o/が/u/に変化する途上においては、[e]と[i]とが、[o]と[u]とがそれぞれ自由異音的となり、音声的には[oe]～[oi], [ue]～[ui]の間のバリエーションが考えられる。

(このことは、以下の《碑文 (石西)》(1522)～《中信》(1721)すべての資料について言えることである。それで、以下注記を省き、用例のみ示すこととする。)
<用例>　○きこゑ大きみのあんし(聞得大君の按司)　○こゑくのあんし(越来の按司)

《碑文 (石西)》(1522)
<用例>　○きこゑ大きミ(聞得大君)　○こゑく(越来)

第5章　「そへいし」(添石) が「しいし」になるまで

《おも1》(1531)
<用例>　○そろへて＜揃えて＞　○みこゑ＜御声＞　○そゑて＜襲いて＞　○そろゑて＜揃えて＞

《碑文 (かた)》(1543)
<用例>　○ちからをそろへ（力を揃へ）　○きこゑ大きみ（聞得大君）

《碑文 (添門)》(1546)
<用例>　○ひとへにありたるけに（一重にありたるけに）　○ミつのとのとりのへに（癸の酉の日に）　○きこゑ大きみ（聞得大君）　○おゑかをかみ申候（おゑか拝み申候）

《碑文 (やら)》(1554)
<用例>　○つちのとのとりのへに（己の酉の日に）　○きこゑ大きみ（聞得大君）　○おゑかたまわり申（おゑか賜り申）

《郭使》(1561)
<用例>　○吾一加毎奴＜賞賜＞（おゑかまへの、御賞前の）

《音字》(1572頃)
<用例>　○吾一加毎奴＜賞賜＞（おゑかまへの、御賞前の）

《蕭使》(1579)
<用例>　○吾一加毎奴＜賞賜＞（おゑかまへの、御賞前の）

《碑文 (浦城)》(1597)
<用例>　○つちのとのミのへに（己の巳の日に）　○ミつのへ（壬）　○きこゑ大きみかなし（聞得大君加那志）　○おゑかたまわり申（おゑか賜り申）　○けすおゑ人わか人（下司老ゑ人若人）

《夏使》(1606)
<用例>　○吾一加毎奴＜賞賜＞（おゑかまへの、御賞前の）

《おも2》(1613)
<用例>　○こゑく＜地名＞は　○ごゑくもりくすく＜越来杜城＞

《碑文 (よう)》(1620)
<用例>　○かのへさる（庚申）　○おゑかをかみ申候（おゑか拝み申候）

100

第 5 章 「そへいし」（添石）が「しいし」になるまで

《おも 3》(1623)
<用例> ○いしけなはきこへ<伊敷索聞え>る　○きこゑて<聞えて>　○こへ<声>　○こゑ<声>　○みこい<御声>　○こいくあやみや<越来綾庭>に　○こいて<越えて>　○たとへて<譬えて>　○とへは<問えば>　○そへたて<添え立て>　○ともへ<巴>　○そゑれ<襲いれ>　○おゑか<お吉日>　○おゑぢ<追手>

《仲里》(1703 頃)
<用例>　○あちらこえ（畦越え）　○とこゑ（十声）

《混験》(1711)
<用例>　○かこへ（声の能き事）（かこゑ、佳声）　○こゑたつき（越た月）　○そへつきおちやう（継世門）　○みおそへさし（御副差）　○おへさ（大き）　○おゑちへ（追風）　○おゑべやうちにかいどまかよる（指ヤ内ニマカル）

《琉由》(1713)
<用例>　○マカネコへ按司　○豊見トモソへ豊見キナキ　○トヱダ御イベ　○イノヱガナシ　○オヱカ人

《中信》(1721)
<用例>　○滑的（こえて、肥えて）　○喂街（をゑか、親戚？）

《琉訳》(1800 頃)
　/o/は[u]に、/e/は[i]になったが、それらが融合しないままのもの[ui]と、融合して[i:]となったものとの「新旧」「並存」の姿を見せている。
<用例> [ui]の例　○古一（こゑ、声）　○骨一骨（ごゑく、越来）　○武宜必（もえび、燃え火）　○喂街（おゑか、親戚）；
　　　　[i:]の例　○武納昔（うらそへ、浦添）　○兵（ぼえも、保栄茂）

《官話》(19 世紀?)
　融合せず、[-ui]として実現。
<用例>　○メシスイリ（めしそへれ、飯添へれ）

《沖話》(1880)
　融合して[-i:]となっている。

<用例>　○カニー kanī（かのえ、庚）　○チニー Chinī（きのえ、甲）　○クヰタツチ kwitatsich（こゑたつき、越ゑた月？）（「kwī〜」とあるべきであろう。）

101

第 5 章　「そへいし」（添石）が「しいし」になるまで

《チェン》(1895)
　融合せず、[-ui] として実現。
<用例>　○ta<u>tui</u>（た<u>とへ</u>、例へ）

《沖辞》(1963)
　融合して [i:] となる。但し、[ui] で留まる例もある。
<用例>　○ka<u>nii</u>（か<u>のえ</u>、庚）　○ci<u>nii</u>（き<u>のえ</u>、甲）；○ta<u>tui</u>（た<u>とへ</u>、例へ）

現代語（1970 年代）
　融合して [i:] となる。但し、[ui] で留まる例もある。
<用例>　○ka<u>ni:</u>（か<u>のえ</u>、庚）　○ʃi<u>ni:</u>（き<u>のえ</u>、甲）；　○ta<u>tuji</u>（た<u>とへ</u>、例へ）

　以上で見てきた */susu/ と */sopeisi/ との変化過程を対照して示すと、以下のようになるであろう。

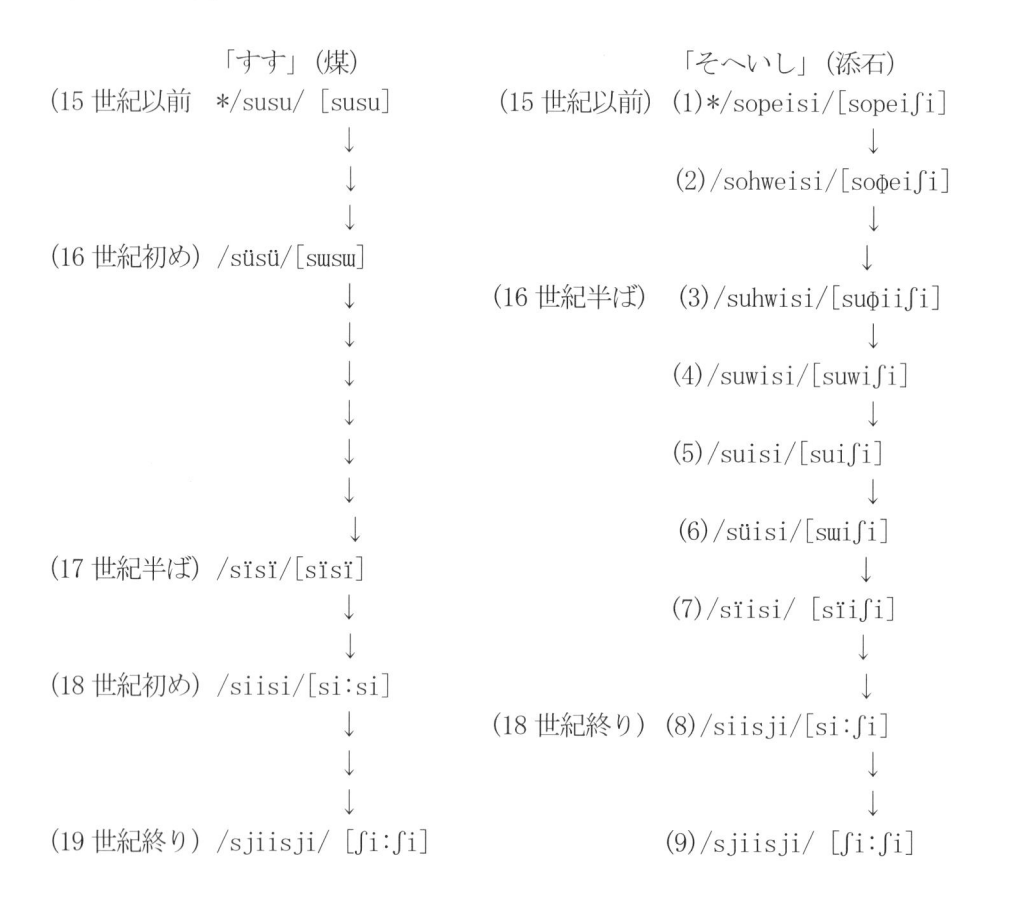

```
                「すす」(煤)                           「そへいし」(添石)
(15世紀以前   */susu/ [susu])      (15世紀以前)  (1) */sopeisi/ [sopeiʃi]
         ↓                                          ↓
         ↓                                     (2) /sohweisi/ [soɸeiʃi]
         ↓                                          ↓
(16世紀初め)  /süsü/ [sɯsɯ]                          ↓
         ↓                        (16世紀半ば)  (3) /suhwisi/ [suɸiiʃi]
         ↓                                          ↓
         ↓                                     (4) /suwisi/ [suwiʃi]
         ↓                                          ↓
         ↓                                     (5) /suisi/ [suiʃi]
         ↓                                          ↓
         ↓                                     (6) /süisi/ [sɯiʃi]
         ↓                                          ↓
(17世紀半ば)  /sïsï/ [sïsï]                      (7) /sïisi/ [sïiʃi]
         ↓                                          ↓
(18世紀初め)  /siisi/ [si:si]                        ↓
         ↓                        (18世紀終り)  (8) /siisji/ [si:ʃi]
         ↓                                          ↓
         ↓                                          ↓
(19世紀終り)  /sjiisji/ [ʃi:ʃi]                  (9) /sjiisji/ [ʃi:ʃi]
```

第6章 「ぼえも」(保栄茂) が「びん」になるまで
(二重母音の変化) (撥音化)

　「保栄茂」は、『おもろさうし』に「ほへむちやくにあち(保栄茂太国按司)」「ほへむ世のぬし(保栄茂世の主)」「ほゑむいちへきあちの(保栄茂勝れ按司の)」等とあり、『琉球国由来記』(1713)では「保栄茂掟」「保栄茂城殿」「保栄茂ノロ」等の例が出てくる。因みに、『定本　琉球国由来記』(1997)の「索引」では「ひ」の項目に収録されている。「びん」として収録しているものと思われる。

　また、『琉球訳』(1800頃)には「保栄茂曰兵」とある(図4参照)。「保栄茂(ぼえも)」の発音が「兵(ビン)」であることを示している。

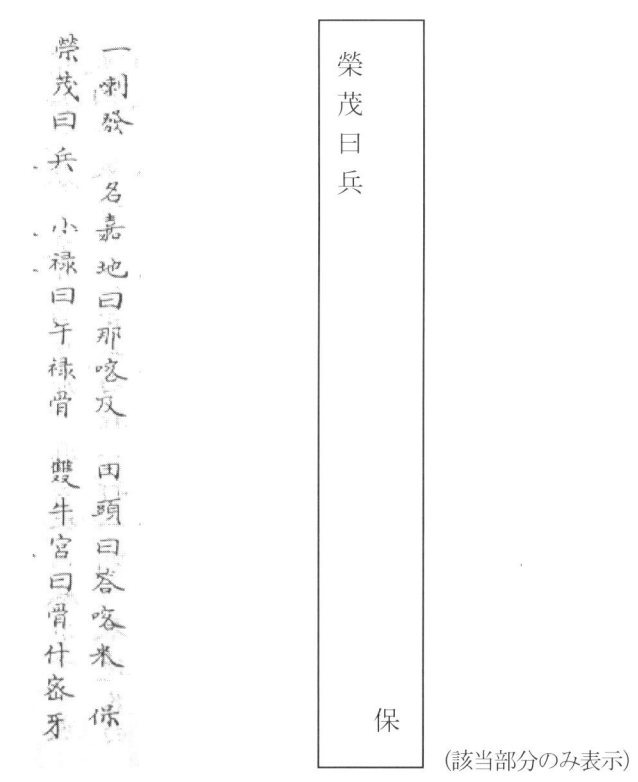

一喇發　名嘉地曰那喀反　田頭曰荅喀米係 榮茂曰兵　小祿曰午祿骨　雙牛宮曰骨什忞牙	榮茂曰兵 保

(該当部分のみ表示)

図4　《琉訳》の「ぼえも」

　『沖縄語辞典』(1963)には「biN◎　(名)保栄茂。((地))参照。」とあり、その「沖縄旧行政区画名・島名一覧」によると「島尻－豊見城間切」とある。
　以上のことも参考にしながら、「ぼえ」が「び」になるまで、「も」が撥音化する(「ん」になる)までを追跡することとする。

第 6 章　「ぼえも」（保栄茂）が「びん」になるまで

1、*／oe／の変化

　既に、第 5 章で見てきたように、*/oe/は、/o/→/u/、/e/→/i/の変化に応じて/ui/となる。16 世紀半ばと推定される。これが 18 世紀の終りごろから、一部/ii/と変化する。

　「ぼえ−」については、第 5 章の（「そへいし」の）「*/oe/の変化」と同じということになる。「ぼえ−」の「/-oe/」部分は、ある段階から、「そへいし」の「そへ-」の「/-oe/」部分と重なることとなり、同様の変化を辿ったであろうと想定できると考えるのである。

　「そへいし」は、次のように変化した（9 段階）と想定したのであった。(p.102)

　　　(1)*/sopeisi/[sopeiʃi]
　　　→(2)/sohweisi/[soɸeiʃi]
　　　　→(3)/suhwisi/[suɸiiʃi]
　　　　　→(4)/suwisi/[suwiʃi]
　　　　　　→(5)/suisi/[suiʃi]
　　　　　　　→(6)/süisi/[sɯiʃi]
　　　　　　　　→(7)/sïisi/[sïiʃi]
　　　　　　　　　→(8)/siisji/[si:ʃi]
　　　　　　　　　　→(9)/sjiisji/ [ʃi:ʃi]

　「ぼえ（も）」の場合、「ハ行転呼」現象とは縁がないので、(1)〜(4) の段階は関係がない。故に、(5) 以降に準じて、*/boe-/[boe-]→/bui-/[bui-]→/büi-/[bɯi-]→/bïi-/ [bïi-]→/bii-/[bi:-]→/bi-/[bi-]のような変化が想定されよう。

2、*／mo／の変化

　/mo/は、16 世紀半ば以降[mu]/mu/に変化したらしい。この後、/mu/と同様の変化をし、撥音化する例も出てくる。

　*/mu/は、[mu]/mu/のまま移ってきた。但し、撥音化の例がある。
　　/mura/[mura]が/ɴda/ [nda]に変わる例がある。
　　　/nakamurakari/ [nakamurakari]→/nakaɴdakari/[nakandakari]（なかむらかり、仲村渠）
　　　/komura/ [komura]→/kuɴda/[kunda]（こむら、腓）

　/mo/の「撥音化」の問題を考える前に、/mo/の変化を概観しておこう。

第6章 「ぼえも」(保栄茂) が「びん」になるまで

<表13> ＊／ｍｏ／の変化

15世紀以前	翻訳 1501	碑文 玉殿 1501	琉館 16c半	碑文 石東 1522	碑文 石西 1522	田名1 1523	碑文 崇寺 1527	おも1 1531	陳使 1534
mo	mo	mo	mu	mu	mu	mu	mu	mu	mu
田名2 1536	田名3 1537	田名4 1541	碑文 かた 1543	田名5 1545	碑文 添門 1546	田名6 1551	碑文 やら 1554	田名7 1560	郭使 1561
mu	mu	mu	mu	mu	mu	mu	mu	mu	mu
田名8 1562	田名9 1563	音字 1572頃	蕭使 1579	田名10 1593	碑文 浦城 1597	田名11 1606	夏使 1606	おも2 1613	碑文 よう 1620
mu	mu	mu	mu	mu	mu	mu	mu	mu	mu
おも3 1623	碑文 本山 1624	田名12 1627	田名13 1628	田名14 1631	田名15 1634	田名16 1660	仲里 1703頃	混験 1711	琉由 1713
mu	mu	mu	mu	mu	mu	mu	mu	mu	mu
中信 1721	琉見 1764	琉訳 1800頃	漂録 1818	クリ 1818	官話 19c?	沖話 1880	チェン 1895	沖辞 1963	現代語 1970代
mu	mu	mu	mu	mu	mu	mu	mu	mu	mu

用例をいくつか示しておこう。

《翻訳》(1501)
　　○ki-mo (きも、肝、心)　○ku-mo-tjɔi (くもりて、曇りて)

《碑文 (玉殿)》(1501)
　　○おとちとのもいかね (おとちとの思い金)　○おもひふたかね (思ひ二金？)

《琉館》(16C 前半？)
　　○木綿 (もめん、木綿)　○枯木 (くも、雲)　○達毛立 (たもれ、賜れ)　○失莫 (しも、霜)
　　○慢多羅 (もどる、戻る)　○買毎 (もんめ、匁)

《碑文 (石東)》(1522)
　　○ひのもん (碑の文)

《碑文 (石西)》(1522)
　　○とよみもり (鳴響み杜)　○ひのもん (碑の文)　○大やくもい (大屋子思い)
　　○くもことまり (雲子泊)

《田名1》(1523)
　　○しほたるもい (小樽思い) (塩太郎思い)

《碑文 (崇寺)》(1527)
　　○あんし**も**けす**も**（按司も下司も）
《おも１》(1531)
　　○**も**とりよれ（戻り居れ）　○**も**り**も**り（杜々）　○あめ**も**らん（雨漏らん）　○うらひちめ**も**とろ＜船名＞　○おぎやか**も**いや　○おもいくわ（思い子）　○き**も**（肝）　○國**も**ちの　○く**も**こ（雲子）　○し**も**のつよ（霜の露）
《陳使》(1534)
　　○枯木（くも、雲）　○苔毛里（たもれ、賜れ）　○失母（しも、霜）○世莫（しも、下）　○慢多羅（もどる、戻る）　○亦止買毎（いちもんめ、一匁）
《田名３》(1537)
　　○大やく**も**い（大屋子思い）
《碑文 (かた)》(1543)
　　○**も**り（杜）　○**も**ろこし（唐土）　○ひのもん（碑の文）　○大やく**も**い（大屋子思い）　○よる**も**ひる**も**（夜も昼も）　○千年万年まて**も**（千年万年までも）
《田名５》(1545)
　　○大やく**も**い（大屋子思い）
《碑文 (添門)》(1546)
　　○**も**ゝ（百）　○**も**り（杜）　○ひの**も**ん（碑の文）　○御お**も**ろ御たほい　○きよらさちよさあれと**も**（清らさ強さあれども）
《田名６》(1551)
　　○大やく**も**い（大屋子思い）
《碑文 (やら)》(1554)
　　○なきや**も**のやれと**も**　○やらさ**も**り（屋良座杜）　○大やく**も**い（大屋子思い）　○かみし**も**（上下）　○と**も**ゝするゑ（十百末）
《田名７》(1560)
　　○大やく**も**い（大屋子思い）
《郭使》(1561)
　　○麼奴嗑苔里（ものがたり、物語）　○世莫（しも、下）　○失母（しも、霜）○起模（きも、肝）　○苔毛里（たもれ、賜れ）　○枯木（くも、雲）　○悶都里（もどり、戻り）　○由門都里（よもどり、雀）　○嗑甲苺（かかも、裙）　○尼買毎（にもんめ、二匁）
《田名８》(1562)
　　○大やく**も**い（大屋子思い）
《田名９》(1563)
　　○大やく**も**い（大屋子思い）
《音字》(1572 頃)
　　○麼奴嗑苔里（ものがたり、物語）　○世莫（しも、下）　○失母（しも、霜）○起模（きも、肝）　○苔毛里（たもれ、賜れ）　○枯木（くも、雲）　○由門都里（よもどり、雀）　○一止買毎（いちもんめ、一匁）

第6章 「ばえも」(保栄茂) が「びん」になるまで

《蕭使》(1579)
　○麼奴嗑荅里(ものがたり、物語)　○世莫(しも、下)　○失母(しも、霜)
　○起模(きも、肝、心)　○荅毛里(たもれ、賜れ)　○枯木(くも、雲)　○悶都里(もどり、戻り)　○由門都里(よもどり、雀)　○嗑甲苺(かかも、裙)　○尼買毎(にもんめ、二匁)

《田名10》(1593)
　○大やくもい(大屋子思い)

《碑文(浦城)》(1597)
　○おしあけもり(押し上げ杜)　○たひらもり(平良杜)　○ひのもん(碑の文)
　○大やくもい(大屋子思い)　○かみしも(上下)　○大小のゑくかおなこともに(大小の男女ともに)

《田名11》(1606)
　○大やくもい(大屋子思い)

《夏使》(1606)
　○麼奴嗑荅里(ものがたり、物語)　○世莫(しも、下)　○失母(しも、霜)
　○起模(きも、肝、心)　○荅毛里(たもれ、賜れ)　○枯木(くも、雲)　○悶都里(もどり、戻り)　○由門都里(よもどり、雀)　○嗑甲苺(かかも、裙)　○尼買毎(にもんめ、二匁)

《おも2》(1613)
　「うらやも(羨も)」の例があり、「む」と「も」との交代を示している。
　「まぶれ(守れ)」の例は、[mo→mu→bu]の変化を示唆か。《おも3》に「そのひやぶ(園比屋武)」がある。「そのひやむ→そのひやぶ」の変化を示すか。
　「まぼれ→まぶれ」の段階から「まむれ」に変わるのか。[bo→mo→mu]の変化か。もし、これなら、「そのひやぶ」が「そのひやむ」に変わることになる。
　　○おもて(思て)　○きもあくみの(肝あぐみの)　○てもち(手持ち)　○のちも(命も)　○みもの(見物)　○もとせ(戻せ)　○もどせ(戻せ)　○もゝうら(百浦)

《碑文(よう)》(1620)
　○あんしおそいかなしも　○なるまても　○大ちよもいかなし　○ひのもん(碑の文)
　○大やくもい(大屋子思い)

《おも3》(1623)
　「むむ(百)」の例があり、母音の変化を示している。
　○もとれ(戻れ)　○もゝと(百度)　○もりの(杜の)　○おもい(思い)　○きも(肝)　○くも(雲)　○しものおきて(下の掟)　○しもつきか(霜月が);
　○むゝよみの(百読みの)

《碑文(本山)》(1624)
　○ひのもん(碑の文)　○あんしもけすも(按司も下司も)　○昔今にも

《田名 12》（1627）
　　○大やく<u>も</u>い（大屋子思い）
《田名 13》（1628）
　　○大やく<u>も</u>い（大屋子思い）
《仲里》（1703 頃）
　　[m]と[b]の交代例がある。「みま<u>ふ</u>りやうちへ（みま<u>も</u>りやうちへ、見守りやうちへ）」。
　　○門<u>も</u>り（門守）　○かな<u>も</u>り（金杜）　○かみし<u>も</u>（か上下）
《混験》（1711）
　　「撥音」化の例がある。
　　○<u>む</u>きやがみ（御鏡）＜みかがみ＞　○<u>む</u>きやちや（御蚊帳）＜みかちや＞
　　○<u>む</u>きやび（御紙）＜みかみ＞　○<u>む</u>きやま（御鍋、御釜）＜みかま＞　○<u>む</u>きやまかい（鍋匙）＜みかまかい＞　○<u>む</u>きやむさし（御髪指）＜みかみさし＞　○お<u>む</u>しよ（御味噌）＜おみそ＞　○お<u>む</u>きよし（御腰物）＜おみこし＞

　以上の例で、「み」に対応するところが「む」と表記されているのは、撥音化したことを物語るものであり、これに準じて考えると、以下の例も撥音を表記したものであろうと判断される。
　　　○<u>む</u>か（昔）　○<u>む</u>かしけさし（むかし～、太古）　○<u>む</u>かふ年（来年）　○<u>む</u>まか（孫）　○あ<u>む</u>た（油）＜m←mu←bu＞　○か<u>む</u>だ（葛）　○き<u>む</u>びら（薙）　○な<u>む</u>ぢや（銀）

　　○<u>も</u>だい（問い）　○<u>も</u>つくり（耕作）　○<u>も</u>もそ（百人）　○<u>も</u>もと（百年）　○お<u>も</u>ひなかす（思ひ流す）　○き<u>も</u>ちやさ（肝痛さ、痛腸の心）　○首里<u>も</u>りくすく（首里森城、首里王城）　○やま<u>も</u>も（楊梅、山桃）

《琉由》（1713）
　　○モチヅキ　○モリカサノ御イベ　○石<u>モ</u>リノ御イベ　○オ<u>モ</u>カサノ嶽　○オ<u>モ</u>ロ　○キ<u>マ</u>モノ　○キミ<u>マ</u>モノ　○君<u>マ</u>モノ　○君真物　○シ<u>モ</u>門嶽　○田イ<u>モ</u>　○ナカ<u>モ</u>ト森
《中信》（1721）
　　○什<u>麼</u>子（しよもつ、書物）　○悶都里一其（もどりいき、戻行）　○莫莫拿乃（もものなり、桃実）　○喀甲<u>眉</u>（かかも、下裳）　○土<u>母</u>（とも、供）　○膜膜（もも、腿）　○枯<u>木</u>（くも、雲）　○由<u>門</u>多里（よもどり、雀）　○什<u>嚤</u>（しも、霜）　○一奴<u>摩</u>奴（いのもの、同物）　○山<u>買</u>毎（さんもんめ、三匁）
《琉見》（1764）
　　○窟<u>木</u>（くも、雲）　○塗<u>末</u>（とも、供）　○番子<u>母</u>（はんつんいも？、甘藷）　○<u>木</u>身（もうせん、毛氈）

《琉訳》(1800頃)
　　○木木（もも、腿）＜腿股＞　○及木（きも、肝）＜膽＞　○一奴拿奴（いのもの、同のもの）＜一様＞　○土母（とも、供）＜丫頭＞　○什麼子（しよもつ、書物）＜書＞　○末之（もち、餅）＜餅＞

《漂録》(1818)
　　○si・mo・ci・ci（しもつき、十一月）　○mu・scin・ci・sko（もちて～、取来）

《官話》(19世紀?)
　　○モミ（もみ、籾）　○モゝ（もも、腿）　○モキ（もち、餅）　○モキグミ（もちごめ、糯米）；　○ムメ（もみ、籾）

《沖話》(1880)
　　○ムチ muchi（もち、餅）　○ムチ muchi（もち、持ち）　○ムゝ mumu（もも、股）　○ムゝ mumu（もも、桃）　○ムイ muyi（もり、森）　○アーシムン āshimun（あはせもの、袷物）　○ンム mmu（うも、いも、芋、甘諸）　○クム kumu（くも、雲）　○シム shimu（しも、霜）

《チェン》(1895)
　　○mutu（もと、元）　○mudusi（もどせ、戻せ）　○munu（もの、物、食べ物）　○Muru（もろ、諸、皆）　○Murunjatu（もろみざと、諸見里）　○umushirukō（おもしろくは、面白くは）　○Nimutsē（にもつは、荷物は）　○furimung（ふれもの、狂れ者）

《沖辞》(1963)
　　○muci（もち、餅）　○muci（もち、持ち）　○mumu（もも、股）　○mumu（もも、桃）　○mui（もり、森）　○ʔaasimuɴ（あはせもの、袷物）　○ʔɴmu（うも、いも、芋、甘諸）　○kumu（くも、雲）　○simu（しも、霜）

現代語（1970年代）
　　○mut∫i（もち、餅）　○mut∫i（もち、持ち）　○mumu（もも、股）　○mumu（もも、桃）　○muji（もり、森）　○ʔa:∫imuɴ（あはせもの、袷物）　○ʔmmu（うも、いも、芋、甘諸）　○kumu（くも、雲）　○∫imu（しも、霜）

3、*/mo/の撥音化

次の例のように、早い時期の「*/mo/の撥音化」を窺わせるものがある。
　　《碑文(浦城)》(1597)　○ミしまよねん（御島代にも）
これを拠り所にすれば、*/mo/は16世紀末には撥音化することがあったということになるから、「ぼえも」の「-も」もこの頃から撥音化していたと考えることが可能であろう。

4、「ぼえも」の変化

先の「ぼえ－」の変化と組み合わせると「ぼえも」の変化が跡付けることができる。以下のようになろう。

$$*/boemo/[boemo] \rightarrow /buimu/[buimu]$$

$$\rightarrow /büiɴ/[bɯiɴ] \rightarrow /bïiɴ/[bïiɴ]$$

$$\rightarrow /biiɴ/[biːɴ] \rightarrow /biɴ/[biɴ]$$

「ぼえも」の「－も」の撥音化に関連して、「マ行音」「ナ行音」の撥音化についても触れたいところであるが、本来の目的ではないので、省略に従う。詳しいことは、多和田（2010）を参照願いたい。

第7章　分析対象資料

　分析の対象とした資料の一覧を示す（事情により、今回は、分析の対象としなかった資料も存在するが、それが大勢に影響を与えるものではない）。
　《　》は、用例を示す際に使用する略号であることを示す。
　｛　｝は、多和田（2010）の略称。

01、《翻訳》語音翻訳（1501）…『海東諸国紀』付載のハングル資料｛翻｝
02、《碑文（玉殿）》たまおとんのひもん（1501）…仮名資料｛玉｝
03、《琉館》琉球館訳語（16世紀前半成立か）
　　　　　…『華夷訳語』の一つとしての漢字資料｛館｝
04、《碑文（石東）》石門之東之碑文（国王頌徳碑）（1522）…仮名資料｛石東｝
05、《碑文（石西）》石門の西のひもん（真珠湊碑文）（1522）…仮名資料｛石西｝
06、《田名1》田名文書第1号（1523）…仮名資料｛田1｝
07、《碑文（崇寺）》崇元寺之前東之碑うらの文（1527）…仮名資料｛崇｝
08、《おも1》『おもろさうし』巻一（1531）
　　　　　…仮名資料1709年11月原本焼失。1710年7月再編｛おも1｝
09、《陳使》陳侃『使琉球録』中の「夷語」（1534）…漢字資料｛使1｝
10、《田名2》田名文書第2号（1536）…仮名資料｛田2｝
11、《田名3》田名文書第3号（1537）…仮名資料｛田3｝
12、《田名4》田名文書第4号（1541）…仮名資料｛田4｝
13、《碑文（かた）》かたはなの碑おもての文（1543）…仮名資料｛かた｝
14、《田名5》田名文書第5号（1545）…仮名資料｛田5｝
15、《碑文（添門）》添継御門の南のひのもん（1546）…仮名資料｛添｝
16、《田名6》田名文書第6号（1551）…仮名資料｛田6｝
17、《碑文（やら）》やらさもりくすくの碑のおもての文（1554）…仮名資料｛やら｝
18、《田名7》田名文書第7号（1560）…仮名資料｛田7｝
19、《郭使》郭汝霖『使琉球録』中の「「夷語」（1561）…漢字資料｛使2｝
20、《田名8》田名文書第8号（1562）…仮名資料｛田8｝
21、《田名9》田名文書第9号（1563）…仮名資料｛田9｝
22、《音字》周鐘等『音韻字海』中の「附録夷語音釈」「附夷字音釈」（1572頃）
　　　　　…漢字資料｛字｝
23、《蕭使》蕭崇業『使琉球録』中の「「夷語」（1579）…漢字資料｛使3｝
24、《田名10》田名名文書第10号（1593）…仮名資料｛田10｝
25、《碑文（浦城）》浦添城の前の碑おもての文（1597）…仮名資料｛浦｝
26、《田名11》田名文書第11号（1606）…仮名資料｛田11｝
27、《夏使》夏子陽『使琉球録』中の「「夷語」（1606）…漢字資料｛使4｝
28、《おも2》『おもろさうし』巻二（1613）
　　　　　…仮名資料1709年11月原本焼失。1710年7月再編｛おも2｝

第 7 章　分析対象資料

29、《碑文（よう）》ようとれのひのもん（1620）…仮名資料｛よう｝
30、《おも3》『おもろさうし』巻三～巻二十二（1623）
　　　　　　…仮名資料 1709 年 11 月原本焼失。1710 年 7 月再編｛おも3｝
　　　（編集年次不明の巻 11、巻 14、巻 17、巻 22 も「1623」に準じるものとする。）
31、《碑文（本山）》本覚山碑文（1624）…仮名資料｛本｝
32、《田名 12》田名名文書第 12 号（1627）…漢字仮名混じり資料｛田 12｝
33、《田名 13》田名名文書第 13 号（1628）…漢字仮名混じり資料｛田 13｝
34、《田名 14》田名名文書第 14 号（1631）…漢字仮名混じり資料｛田 14｝
35、《田名 15》田名名文書第 15 号（1634）…漢字仮名混じり資料｛田 15｝
36、《田名 16》田名名文書第 16 号（1660）…漢字仮名混じり資料｛田 16｝
　　　　　　《田名 12》～《田名 16》に関して、用例としては仮名のみを採用する。
37、《仲里》『仲里旧記』（1703 頃）…仮名資料｛仲里｝
38、《混験》『混効験集』（1711）…仮名資料｛混｝
39、《琉由》『琉球国由来記』（1713）…仮名資料｛琉由｝
40、《中信》徐葆光『中山伝信録』中の「字母」「琉球語」（1721）…漢字資料｛信｝
41、《琉見》潘相『琉球入学見聞録』中の「土音」「字母」（1764）…漢字資料｛見｝
42、《琉訳》李鼎元『琉球訳』（1800 頃）…漢字資料｛琉訳｝
43、《漂録》『琉球・呂宋漂海録』中の「言語」「琉球」語（1818）…ハングル資料｛漂｝
44、《クリ》クリフォード琉球語彙（1818）…アルファベット資料｛クリ｝
45、《官話》（琉球官話集）（19 世紀?）…仮名資料｛官｝
46、《沖話》『沖縄対話』（1880）…仮名資料｛沖話｝
47、《チェン》チェンバレン『琉球語文典』（1895）…アルファベット資料｛チェン｝
48、《沖辞》『沖縄語辞典』（1963）…（アルファベット資料）｛沖辞｝

　それぞれの資料の、依拠した本文は、以下のとおりである。
☆《翻訳》語音翻訳（1501）
　　申叔舟『海東諸国紀』（1975）国書刊行会（復刻版）
☆《碑文（玉殿）》たまおとんのひもん（1501）
☆《碑文（石東）》石門之東之碑文（国王頌徳碑）（1522）
☆《碑文（石西）》石門の西のひもん（真珠湊碑文）（1522）
☆《碑文（崇寺）》崇元寺之前東之碑うらの文（1527）
☆《碑文（かた）》かたはなの碑おもての文（1543）
☆《碑文（添門）》添継御門の南のひのもん（1546）
☆《碑文（やら）》やらさもりくすくの碑のおもての文（1554）
☆《碑文（浦城）》浦添城の前の碑おもての文（1597）
☆《碑文（よう）》ようとれのひのもん（1620）
☆《碑文（本山）》本覚山碑文（1624）
　　以上、『琉球国中碑文記』「伊波本」・「東恩納本（甲乙）、『仲原善忠全集　第二巻

第 7 章　分析対象資料

　　　文学編』(1977)(沖縄タイムス社)をもととし、塚田清策『琉球国碑文記』(1970)(啓学出版) を参照。
☆《田名 1》田名文書第 1 号（1523）
☆《田名 2》田名文書第 2 号（1536）
☆《田名 3》田名文書第 3 号（1537）
☆《田名 4》田名文書第 4 号（1541）
☆《田名 5》田名文書第 5 号（1545）
☆《田名 6》田名文書第 6 号（1551）
☆《田名 7》田名文書第 7 号（1560）
☆《田名 8》田名文書第 8 号（1562）
☆《田名 9》田名文書第 9 号（1563）
☆《田名 10》田名文書第 10 号（1593）
☆《田名 11》田名文書第 11 号（1606）
☆《田名 12》田名文書第 12 号（1627）
☆《田名 13》田名文書第 13 号（1628）
☆《田名 14》田名文書第 14 号（1631）
☆《田名 15》田名文書第 15 号（1634）
☆《田名 16》田名文書第 16 号（1660）
　　　以上、『企画展　田名家所蔵展－ある首里士族の四〇〇年－』(1987) 沖縄県立博物館
☆《琉館》琉球館訳語（16 世紀前半成立か）
　　　『琉球館訳語　本文と索引』(1979) 小林印刷出版
☆《陳使》陳侃『使琉球録』中の「夷語」(1534)
☆《郭使》郭汝霖『使琉球録』中の「「夷語」(1561)
☆《音字》周鐘等『音韻字海』中の「附録夷語音釈」「附夷字音釈」(1572 頃)
　　　以上、京都大学文学部国語国文学研究室『纂集　日本譯語』(1968)
☆《蕭使》蕭崇業『使琉球録』中の「「夷語」(1579)
　　　臺灣學生局 (1977)『明代史籍彙刊　⑥使琉球録』
☆《夏使》夏子陽『使琉球録』中の「「夷語」(1606)
　　　臺灣學生局 (1977)『明代史籍彙刊　⑦使琉球録』
☆《中信》徐葆光『中山伝信録』中の「字母」「琉球語」(1721)
☆《琉見》潘相『琉球入学見聞録』中の「土音」「字母」(1764)
　　　以上、京都大学文学部国語国文学研究室『纂集　日本譯語』(1968)
☆《おも 1》『おもろさうし』巻一 (1531)
☆《おも 2》『おもろさうし』巻二 (1613)
☆《おも 3》『おもろさうし』巻三〜巻二十二 (1623)
　　　以上、仲原善忠・外間守善『校本おもろさうし』(1966)・『おもろさうし　本文と総索引』(1967) 角川書店
☆《仲里》『仲里旧記』(1703 頃)
　　　仲里村史編集委員会「仲里間切旧記」『仲里村史　第二巻　資料編 1』(1998) 仲里村

第 7 章　分析対象資料

　　　　役場
☆《混験》『混効験集』(1711)
　　　外間守善『混効験集　校本と研究』(1970)　角川書店
☆《琉由》『琉球国由来記』(1713)
　　　外間守善・波照間永吉『定本琉球国由来記』(1997)　角川書店
☆《琉訳》『琉球訳』(1800 頃)
　　　『國家圖書館藏資料彙編　下』(2000)　北京圖書館出版社
☆《漂録》『琉球・呂宋漂海録』中の「言語」「琉球」語 (1818)
　　　『「琉球・呂宋漂海録」の研究－二百年前の琉球・呂宋の民俗・言語－』(1994)
　　　武蔵野書院
☆《クリ》クリフォード琉球語彙 (1818)
　　　　『クリフォード　琉球語彙』(1979) 勉誠社
☆《官話》琉球官話集 (19 世紀?)
　　　宮良當壮『宮良當壮全集　10　琉球官話集』(1981)　第一書房
☆《沖話》『沖縄対話』(1880)
　　　沖縄県庁『沖縄對話』　国書刊行会 (1975) 復刻

　　　伊波普猷『琉球語便覧』(1916) 中の「沖縄對話」　琉球史料複刻頒布会 (1969)

☆《チェン》チェンバレン『琉球語文典』中の「琉球会話」(1895)

　　　伊波普猷『琉球語便覧』(1916) 中の「チャンバーレン氏増訂琉球會話」　琉球史料複

　　　　刻頒布会 (1969)
☆《沖辞》『沖縄語辞典』(1963)
　　　国立国語研究所『沖縄語辞典』(1969 年三刷)

　事情により、分析の対象にできなかった資料の主なものは、以下の通りである。
　　　　　　　○釈袋中『琉球神道記』(1605)
　　　　　　　○『女官御双紙』(1709 頃)
　　　　　　　○玉城朝薫　組踊の脚本　五組「二童敵打」「執心鐘入」「銘刈子」
　　　　　　　　　　　　　　　　　　　　「女物狂」「孝行の巻」(1718 頃)
　　　　　　　○『屋嘉比工工四』(1716～1775 頃)
　　　　　　　○『具志川旧記』(1743 頃)
　　　　　　　○『琉歌百控』(1795～1802 頃)
　　　　　　　○『聞得大君加那志様御新下日記』(1840 頃)
　　　　　　　○ベッテルハイム『琉球語辞書』(1849)
　　　　　　　○山内盛憙『南島八重垣』(1895)
　　　　　　　○仲本政世『沖縄語典』(1896)
　　　　　　　○真境名安興「琉球歌詞解釈」(1917？)

第7章　分析対象資料

<用例の示し方>

1、用例は、必要最小限に留める。

　　誤記・誤写等が明らかなものは、原則として、用例の対象としない。資料の吟味は（特に外国資料について）、多和田（1997）で行ったので、そちらに譲る。

2、項目該当箇所に下線＿を施す。用例の後に（　）に入れて、適宜、注を付す。

　（例）○<u>si</u>‐ma（しま、島、故郷）　○<u>きん</u>のあんし（金武の按司）　○<u>韭</u>禄（ひる、昼）

3、ハングル資料は、転写字で示す。以下のとおりである。

《翻訳》（1501）の場合

(母音字)

ㅣ	ㅖ	ㅕ	ㅓ	ㆍ	ㅐ	ㅏ	ㅜ	ㅗ	ㆎ	ㅡ	ㅑ	ㅠ	ㅛ	ㅙ	ㅘ	ㅟ	ㅚ
i	jɔi	jɔ	ɔ	ʌi	ai	a	u	o	ʌ	ɯ	ja	ju	jo	oai	oa	ui	oi

(子音字)

ㅇ	ㄱ	ㅋ	ㄷ	ㅌ	ㅼ	ㅂ	ㅍ	ㅅ	ㅈ	ㅊ	ㅿ	ㅁ	ㄴ	ㄹ	ㆁ	ㆆ
'	k	kh	t	th	st	p	ph	s	c	ch	z	m	n	r	w	ŋ

《漂録》（1818）の場合

(母音字)

ㅣ	ㅖ	ㅒ	ㅕ	ㅓ	ㆍ	ㅐ	ㅏ	ㅜ	ㅗ	ㆎ	ㅡ	ㅑ	ㅠ	ㅛ	ㅘ	ㅚ	ㅟ
i	jɔi	iɔ	jɔ	ɔ	ʌi	ai	a	u	o	ʌ	ɯ	ja	ju	jo	oa	oi	cu

(子音字)

ㅇ	ㄱ	ㄲ	ㅋ	ㄷ	ㄸ	ㅌ	ㅂ	ㅃ	ㅍ	ㅎ	ㅅ	ㅈ	ㅉ	ㅊ	ㅿ	ㅁ	ㄴ	ㄹ	ㆁ
'	k	kk	kh	t	tt	th	p	pp	ph	h	s	c	cc	ch	z	m	n	r	ŋ

用例の音節と音節との境に「‐」を入れる。

　（例）ki‐mo,　'u‐saŋ‐ki,　si‐mo‐ci‐ci,　ka‐sa

4、漢字資料は、音訳字を示す。

音訳字の音価推定に関して、次のような資料（古辞書類）を参照する。

　《琉館》（16C前半か）・《陳使》（1534）・《郭使》（1561）・《音字》（1572頃）・《蕭使》（1579）・《夏使》（1606）に関しては、『中原音韻』（1324）・『東国正韻』（1447-48）・『訓蒙字会』（1527）・『西儒耳目資』（1626）を参照する。

　《中信》（1721）・《琉見》（1764）・《琉訳》（1800頃）に関しては、『中原音韻』・『朴通事諺解』（1677）・『老乞大諺解』（1795）・『華英辞典』（1892）を参照する。

漢字資料の詳しい用字例については、多和田（1998）を参照。

5、音訳字は、次のようにして示す。

①用字例は、資料に現れる順に配列することを原則とする。

115

第7章　分析対象資料

②音価推定に関しては、代表的なものに絞る。
③音訳字の「推定音価」は、次のようにして導く。
　　代表例として、《琉館》の*/ki/の場合を取り上げる。
　　音訳字「及」の古事書類の音が「中原音韻　kiə」「東国正韻　kkɯp」「訓蒙字会 hɯp,kɯp」「西儒耳目資 kie」であること、16世紀の沖縄語であること、*/ki/に対応する音価であること等を総合的に判断して[ki]であると推定する。これを、表では、以下のように表示することとする。

音訳字	中原音韻	東国正韻	訓蒙字会	西儒耳目資	推定音価
き　及	kiə	kkɯp	hɯp, kɯp	kie	ki

　　《琉館》を初めとする、全ての漢字資料について、そして全て上と同様の手続きを経て「推定音価」とする。

<古辞書類について>

・『中原音韻』(1324)
　　二巻。元の周徳清の編。主に華北・華中の言葉に基づいた韻引きの字書である。
・『西儒耳目資』(1626)
　　イエズス会の宣教師ニコラス・トリゴール（Nicolas Trigault 金尼閣）の著したローマ字表記による韻引きの字書で、明末北方漢語の実態を写す資料とされる。
・『東国正韻』(1447-48)
　　朝鮮王朝世宗時代に申叔舟・崔恒・成三問等が王命により編纂した音韻書である。当時の朝鮮漢字音を反映したものではないとして忌避される傾向にあるが、15世紀の朝鮮で、その漢字がどのような（中国）音を有すると考えられていたかを示すものであって（扱いには慎重であるべきであるが）、その観点からは有用だと考えられる。
・『訓蒙字会』(1527)
　　朝鮮王朝中宗の時代に崔世珍が著したもので、漢字3360字に発音と意味を書いて、子供達に教えようとした漢字初歩の学習書である。
・『朴通事諺解』(1677)
　　朝鮮王朝粛宗の時代に権大連・朴世華等が、当時の中国語学習書であった『朴通事』を翻訳・編纂したものである。
・『老乞大諺解』(1795)
　　朝鮮王朝正祖の時代に李洙が、重刊本「老乞大」にハングルの翻訳をつけた会話体の中国語学習書である。「老乞大」は、高麗時代から伝えられる中国語学習書であるが、著者・年代は未詳である。
・『華英辞典』(1892)
　　ジャイルズ(Herbert Allen Giles 漢字名は翟理思あるいは翟理斯。イギリスの領事、中国学者)が1892年に編集した辞典である。当時の北京語がローマ字(Wade-Giles system)で表記されている。

主な参考文献

伊波普猷（1974）『伊波普猷全集』第四巻　平凡社
　　　　　＜（1930）・（1933）は、これに所収＞

高橋俊三（1991）『おもろさうしの国語学的研究』武蔵野書院

多和田眞一郎（1997）『外国資料を中心とする沖縄語の音声・音韻に関する歴史的研究』
　　　　　武蔵野書院

多和田眞一郎（1998）『沖縄語漢字資料の研究』溪水社

多和田眞一郎（2010）『沖縄語音韻の歴史的研究』溪水社

中本正智（1976）『琉球方言音韻の研究』法政大学出版局

中本正智（1990）『日本列島言語史の研究』大修館書店

外間守善（1972）『沖縄の言語史』法政大学出版局

外間守善・波照間永吉（1997）『定本　琉球国由来記』角川書店

柳田征司（1993）『室町時代語を通して見た　日本語音韻史』武蔵野書院

柳田征司（1999）「沖縄方言の史的位置（上）（下）—「キ」（木）「ウキ」（起き）
　　　　「ウリ」（降り）などの問題—」『国語国文』第六十八巻　第四号・第五号

　　　　　　　　　　　　　　　　　　　　　　　（本文で触れたものに限った。）

索　引

あ行

アルファベット資料　12
異音　62、88
*/-ika/　57、60
イ段の仮名　62、68、69、70、71、75
う[ɯ]　91
う[u]　91
ウ段音　77
ウ段の仮名　81、82、83、84、88、89
ウチナーグチ　3
*/e/　61
エ段音　65
エ段の仮名　62、68、69、70、71、75
*/o/　77
*/oe/　104
《沖辞》(1963) 12、13、24、31、37、45、
　　51、57、58、59、76、90、97、102、
　　109
《沖話》(1880)　13、23、31、37、44、
　　50、56、59、75、89、96、101、109
オ段音　77
オ段の仮名　81、82、83、84、88
《おも１》(1531)　16、26、33、40、47、
　　69、92、106、100
《おも２》(1613)　19、28、35、48、53、
　　70、94、100、107
《おも３》(1623)　20、28、35、42、53、
　　70、82、94101、107
音韻　2、62

音韻対応　4
音韻表記　9、12
音韻変化　53
音価　21、22、24、33、37、52、65、71、
　　72、74、84、91、93、95
音価推定　15
《音字》(1572 頃)　11、18、27、41、
　　53、93、100、106
音声　1、62
音声記号　1
音声表記　9、12
音素　2
音訳字　11、15、25、29、33、41、42、
　　43、44、50、66、73、74

か行・が行

書き言葉　69、71、82
《郭使》(1561)　11、17、27、34、41、
　　53、93、100、106
《夏使》(1606)　19、28、35、42、48、
　　53、94、100、107
過渡期　29
仮名資料　11、45、62、69、81
「かほ (顔)」　13
変わり目　65
漢字資料　11、12、45、62、72、84、95
《官話》(19 世紀?)　23、30、37、75、
　　88、96、101、109
*/ki/　9、14、15、16、17、18、19、20、

21、23、24
規範意識　11
「きやうづか」（経塚）　9、38
共時態　65
共存状態　24、32、46、59
《クリ》（1818）　12、23、30、37、44、50、
　　　55、59、75、88、96
「訓蒙字会」　15
*/ke/　66、72
*/ge/　66、72
形態　13
言語音　1
現代語（1970年代）　24、31、38、45、
　　　51、57、76、90、97、102、109
*/ko/　84
*/go/　85
口蓋化　5、7、8、9、13、16、37、39、
　　　44、57、58
国際音声記号　1
古事書類　15、22、25、43、44、92
《混験》（1711）　29、35、43、49、54、
　　　58、71、83、95、101、108
混同　69
混用　23、69、81
混乱　23

さ行・ざ行

三母音化　61、77、78
子音　4
示唆的特徴　62
《蕭使》（1579）　11、18、27、41、47、
　　　53、93、107、100
自由異音　66、99

辞令文書　11、69、82
*/su/　91、92、94、97
推定音価　21
*/se/　67、73
*/ze/　39、60、67、74
「西儒耳目資」　15
正書法　71
声帯　4
声門　4
声門閉鎖音　4
「ぜりかく」（勢理客）　39、60
先行資料　66
*/so/　86
*/zo/　86
相補分布　1
促音　3、46、51、53、55
促音化　39
促音化現象　52
促音表記　52、53
*/sope/　99
「そへいし」（添石）　91

た行・だ行

「田名文書」　11
《田名1》（1523）　16、26、105
《田名3》（1537）　26、106
《田名5》（1545）　93、106
《田名6》（1551）　106
《田名7》（1560）　93、106
《田名8》（1562）　17、106
《田名9》（1563）　18、106
《田名10》（1593）　48、107
《田名11》（1606）　19、48、70、107

《田名12》(1627)　108
《田名13》(1628)　108
短母音　61、77
《チェン》(1895)　23、31、37、45、51、
　　56、76、89、97、102、109
「中原音韻」　15
《中信》(1721)　20、29、36、43、49、
　　54、58、84、95、101、108
長音化　24、25、32
「ちょうじか」　9
朝鮮漢字音　65
長母音　25、26、27
《陳使》(1534)　11、16、26、33、41、
　　53、92、106
*/du/　32
「つら（面）」　13
*/te/　66、72
*/de/　67、73
*/to/　85
*/do/　85
同音異義語　91
「東国正韻」　15

な行

《仲里》(1703 頃)　20、28、35、42、
　　48、54、71、82、95、101、108
二重母音　9、24、25、26、27、29、30、
　　61、103
*/ne/　68、74
*/no/　87

は行・ば行

パッチム　52
ハ行転呼　61、90、99、104
破擦音　6、10、44
破擦音化　6、7、8、9、10、13、16、19、
　　21、22、23、33、37、39、50、59、
　　60、90
撥音　1、103
撥音化　104、109
発音記号　1
話し言葉　69、71、82
ハングル　32、36、40、44、52、74、80、
　　91
ハングル資料　12
ハングル表記　10
非声門閉鎖音　4
《碑文（浦城）》(1597)　11、19、27、34、
　　42、48、94、100、107
《碑文（かた）》(1543)　11、17、26、34、
　　92、100、106
《碑文（石西）》(1522)　16、25、33、40、
　　69、92、99、105
《碑文（石東）》(1522)　105
《碑文（崇寺）》(1527)　92、106
《碑文（添門）》(1546)　11、17、26、34、
　　41、93、100、106
《碑文（玉殿）》(1501)　15、33、40、47、
　　65、81、92、99、105
《碑文（本山）》(1624)　20、28、70、94、
　　107
《碑文（やら）》(1554)　11、17、26、34、
　　41、53、58、69、93、100、106
《碑文（よう）》(1620)　20、28、42、48、
　　70、94、100、107
表意　2

表音　2
表記　62
表記上　29、30
《漂録》(1818)　22、30、36、44、50、
　　55、59、74、88、96、109
*/pe/　67、73
*/be/　67、73
並存　14
並存状態　25、26、27
変化過程　8、39、65、91、97、102
*/po/　86
*/bo/　86
母音の変化　15、23
母音融合　90
「ぼえも」(保栄茂)　103
《翻訳》(1501)　10、14、25、32、40、
　　47、51、57、65、80、91、105

ま行

無気音　2、52、55
*/me/　67、74
*/mo/　86、104、109

や行

*/-jau/　24
ヤマトゥグチ　3
有気音　2、52
融合　25、26、29、30、99
融合母音　78
有声音　36、37、44、52
揺れ　44
*/jo/　87

ら行

*/ri/　46、51、60
《琉館》(16C 前半？)　15、25、33、
　　40、47、53、57、66、92、105
《琉見》(1764)　21、30、36、43、58、
　　95、108
《琉訳》(1800 頃)　22、30、36、44、
　　49、54、58、72、95、101、109
《琉由》(1713)　20、29、36、43、49、
　　54、58、71、84、95、108、101
*/re/　68、74
*/ro/　87

わ行

*/we/　68
*/wo/　88

おわりに

　1989年の12月に88歳でなくなった女性（祖母）が、目に入れても痛くないほどに可愛がった孫（私）に、常々言っていたことがある。次の二つである。「カタカナ書きのウチナーグチ、［音声表記］、＜文語調の訳＞、（現代日本語訳）」の順に示す。

　1）　イーヌ　　ニンジンドゥ　ヤル。ウセーラッティ　ナユミ。
　　　［jiːnu　　ninʥindu　　jaru.　ʔuseːratti　　najumi］
　　　＜同じ　　　人間にぞ　　ある。　抑へられて　　なるか。＞
　　　（同じ　　　人間だ。　　　　　馬鹿にされて　たまるか。）
　2）　ドゥーヤカ　ウィーティナ　ッチョー　ウランディ　ウムテー　ナラン。
　　　［duːjaka　　ʔwiːtina　　　tʃoː　　wurandi　　ʔumuteː　naraŋ］
　　　＜胴よりか　　上手な　　　　人は　　居らぬと　　思ひては　ならぬ。＞
　　　（自分より　　上手な　　　　人は　　いないと　　思っては　いけない。）

　時代の犠牲者とも言うべく、文字とは縁のない生活を余儀なくされてしまったハンディーを負いながらも理知的であった。そのような女性の人生観であったと捉えることができる。
　これを、私は、「卑屈になるな。そうかといって、傲慢になってもいけない」と翻訳し、座右の銘としてきた。挫折しそうになった時に支えとなった言葉である。
　今では、「日本語」で考え、話したり書いたり、聞いたり読んだりする生活が多くなっているが、私の人生観の根幹をなす考えは「ウチナーグチ」でインプットされていたのである。今更ながら、それに気付いたのであった。
　その「ウチナーグチ」の移り変わりをわかりやすく説明しようと試みたが、それがいかほど成就されたか。
　「沖縄語の移り変わりに関して、今のところここまでまとめることができました。使えるものは参考にしてください。到らぬところは大目に見てください」という思いを込めて『沖縄語音韻の歴史的研究』（2010）を出版したが、大まかな流れを掴むことに主眼を置いたために、細かなことまでは触れられない状況もあった。その欠を少しでも補うべく、ある部分にはそのダイジェスト版の役割りを担わせたいという希望がある。
　よもや「ドゥーヤカ　ウィーティナ　ッチョー　ウラン」などという思い上がりはないと思うが、独りよがりな部分はなかったか。反省しつつ、次を目指して歩みを進めようと思う。

2012年6月30日
多和田　眞一郎

著者紹介

多和田　眞一郎（たわた　しんいちろう）＜広島大学名誉教授＞

1947 年　沖縄（県）生
1970 年　静岡大学人文学部（人文学科）卒業
1972 年　東京都立大学大学院人文科学研究科修士課程修了、同　博士課程進学
1974 年　（韓国）延世大学　Korean Language Institute　卒業
1978 年　東京都立大学大学院人文科学研究科博士課程退学（単位取得）
1995 年　博士（学術）（広島大学）

現住所　〒733-0812　広島県広島市西区己斐本町3－1－6－812

主要著書・論文

『沖縄語音韻の歴史的研究』(2010 年、渓水社)、『沖縄語漢字資料の研究』(1998 年、渓水社)、『外国資料を中心とする沖縄語の音声・音韻に関する歴史的研究』(1997 年、武蔵野書院)、『「琉球・呂宋漂海録」の研究－二百年前の琉球・呂宋の民俗・言語－』(1994 年、武蔵野書院)
「日本語とハングル資料－沖縄語史とハングル資料－」(『日本文化學報』第37 号)(2008 年)、「文法Ⅰ（語）」(『講座・日本語教育学　第6巻　言語の体系と構造』)(2006 年)、「言葉の取替え　そして　言語の変化（沖縄語を例として）」(『日語日文学』第25 輯)(2005 年)、「沖縄語音韻史－口蓋化・破擦音化を中心として－」(『音声研究』第8巻第2号)(2004 年)

地名で考える沖縄語の移り変り
－例えば、「ぜりかく」（勢理客）が
「じっちゃく」になるまで－

2012 年7 月28 日発行

著　者　多 和 田 眞 一 郎
発行所　株式会社　渓水社
　　　　広島市中区小町1-4（〒730-0041）
　　　　電 話：082-246-7909
　　　　 Fax ：082-246-7876
　　　　Mail：info@keisui.co.jp

Ⓒ　TAWATA, SinIciRou　2012
Printed in Japan
ISBN 978-4-86327-192-0　C3081